本書係「敦煌文獻系統性保護整理出版工程」項目成果

二〇二一—二〇三五年國家古籍工作規劃重點出版項目

「十四五」國家重點出版物出版規劃項目

國家古籍整理出版專項經費資助項目

中國國家圖書館藏
敦煌文獻

中國國家圖書館 編

第三二册

BD00437～BD00452

國家圖書館出版社

DUNHUANG MANUSCRIPTS IN THE NATIONAL LIBRARY OF CHINA

032

BD00437 ~ BD00452

compiled by the

National Library of China

National Library of China Publishing House

顧問　方廣錩　郝春文　榮新江　李際寧

編纂出版　張志清　魏崇　陳紅彦　殷夢霞　薩仁高娃
謝冬榮　劉波　林世田　廖生訓

編纂　林世田　薩仁高娃　常蓋心　于瑞　劉毅超
劉波　劉炳梅　周升川　劉婷　程佳羽
沈艷麗　高雅

編輯　潘竹　程魯潔　黄鑫　苗文葉

審稿　孫彦　宋志英　鄧咏秋

凡例

一　本書刊布中國國家圖書館藏敦煌文獻，以館藏編號爲序編排。

二　館藏編號采用「BD+ 流水號」格式，如 BD00001, BD16579 等。背面在編號後加 v 表示。一個編號包含多件文獻者，編號後分別綴以字母 A, B, C 等。一件文獻含有多個内容者，以數字 -1, -2, -3 等標明順序。

三　圖版有縮印或放大處另加説明，尺寸超出本書幅面的以摺葉形式呈現。

四　卷軸裝、梵夾裝、經摺裝等裝幀形制的敦煌文獻，各附外觀圖像。

五　每件文獻依次呈現外觀、正面、背面等。背面僅刊布有文字、圖像或其他要素的圖版，而略去素紙部分，背面圖版同樣以從右到左順序編排。凡有外題者，遵從以上原則。

六　除個别特殊情况外，爲保證閲讀連貫、流暢，圖版儘量通欄呈現。

七　各葉上方附該件文獻全圖，以高亮形式顯示本葉大圖在全卷中的位置。部分長卷文獻全圖衹能分多段呈現時，在上段末以‹符標示下段接續。卷尾内容不足一葉時，文獻全圖使用該圖卷尾部分，亦以‹符標示。背面圖版文字與正面文字方向相反時，文獻全圖按原貌顯示，正文翻轉呈現，以便閲讀研究，用↻符標示。

八　文獻題名大體沿用中國國家圖書館此前所編多部敦煌文獻目録的考證，部分吸收學界最新研究成果略作調整和完善。文獻題名綜合參考原卷首題、尾題、外題確定，如原卷題名與該文獻正式名稱不同，則采用正式名稱；無題名者，或比定題名，或擬定新名。非漢文文獻在題名前標注語種。有分卷不同等其他情况者，括注於文獻名稱後。

九　本書著録使用通行繁體字，涉及原文中的人名、地名等，必要時保留原字形。

About this publication

1. The documents are presented in shelfmark order.
2. The shelfmarks are in the form BD plus a running number, eg. BD00001, BD16579, &c. If a given shelfmark contains multiple documents, these are distinguished by the letters A, B, C, &c. If a document has multiple contents, they are distinguished by the numbering 1, 2, 3, &c. The verso side of an item is indicated by the letter v.
3. If it has been necessary to reduce or enlarge the size of an illustration, the dimensions are indicated. If the size of an illustration exceeds the size of the book, a folding sheet is used.
4. If the document is a scroll, a folded sutra, or has a stitched binding, a picture of the whole object is provided to show its external appearance.
5. The cover, front, and back of each document are reproduced in sequence. The back of a document is only reproduced if it contains text, illustrations, or other markings, and it is oriented from right to left. If it is blank it is not reproduced.
6. Except in a few special cases, the lines of text are reproduced unbroken to make them coherent and easier to read.
7. An illustration of the complete document is reproduced at the top of each page, and the section where the main illustration appears is highlighted in order to indicate its position. If it has only been possible to reproduce a long scroll in sections, the direction symbol has been used to indicate where one illustration ends and the next one begins. If the end of the scroll occupies less than one page, the direction symbol is used to indicate its position in the illustration of the complete document. If the text on the back of the document has a different orientation from the text on the front, it is reproduced as it is, but is also rotated (indicated with the rotation symbol) so that it can be read easily.
8. The titles of the documents generally conform with those already established by the Library, but in some cases have been amended by drawing on the most recent scholarly research. The titles are derived firstly from the beginning of the text, then from the end of the text, and lastly from the cover. If the title of a document differs from its authoritative form, the authoritative form is used; and if a document has no title, one is either supplied by comparison with similar documents, or a new one is devised. If the document is not in Chinese, its language is indicated before the title. If the number of juan is different from that of the authoritative version, or if there are other irregularities, this is noted.
9. The documents in the book are in traditional Chinese characters. Where the title contains personal or place names, the original characters used for these names are retained.

(Translated by David Helliwell)

BD00437 妙法蓮華經（八卷本）卷七

（後秦）鳩摩羅什 譯

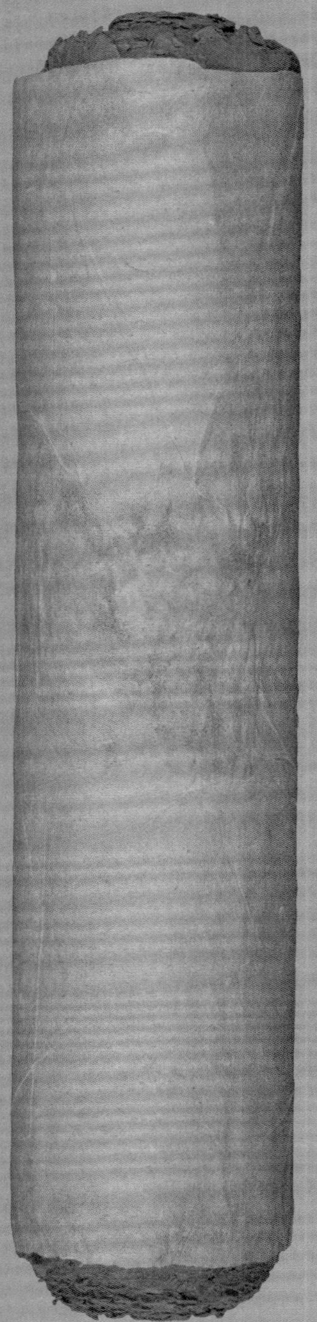

833.6cm×25.5cm

壽四
劫數如一閻浮提微
劫數如四天下微塵其佛饒益
後滅度正法像法滅盡之後於此國
佛出亦号威音王如来應供正遍知
善逝世間解无上士調御丈夫天人
尊如是次第有二万億佛皆同一号
音王如来既已滅度正法滅後於像
上慢比丘有大勢力介時有一菩薩
常不輕得大勢以何因緣名常不輕
凡有所見若比丘比丘尼優婆塞優
悉礼拜讚嘆而作是言我深敬汝等不
慢所以者何汝等皆行菩薩道當得作佛
是比丘不專讀誦經典但行礼拜乃至遠見

四眾亦復故往礼拜讚嘆而作是言我不敢
懱於汝等汝等皆當作佛四眾之中有生息
恚心不淨者惡口罵詈言是无智比丘從何
所來自言我不輕汝而與我等受記當得作
佛我等不用如是虛妄受記如此經歷多年
常被罵詈不生瞋恚常作是言汝當作佛說
是語時眾人或以杖木瓦石而打擲之避走
遠住猶高聲唱言我不敢輕汝汝等皆當作
佛以其常作是語故增上懱比丘比丘尼優
婆塞優婆夷号之為常不輕是比丘臨欲終
時於虛空中具聞威音王佛先所說法華經
二十千万億偈悉能受持即得如上眼根清
淨耳鼻舌身意根清淨得是六根清淨已更
增壽命二百万億那由他歲廣為人說是法

BD00437　妙法蓮華經（八卷本）卷七

增壽命二百万億那由他歲廣爲人說是法
華經於時增上慢四衆比丘比丘尼優婆塞
優婆夷輕賤是人爲作不輕名者見其得大
神通力樂說辯力大善寂力聞其所說皆信
伏隨從是菩薩復化千万億衆生令住阿耨
多羅三藐三菩提命終之後得值二千億佛
号日月燈明於其法中說是法華經以是因
緣復值二千億佛同号雲自在燈王於此諸
佛法中受持讀誦爲諸四衆說此經典故得
是常眼清淨耳鼻舌身意諸根清淨於四衆
中說法心无所畏得大勢是常不輕菩薩摩
訶薩供養如是若干諸佛恭敬尊重讚嘆種
諸善根於後復值千万億佛亦於諸佛法中
說是經典功德成就當得作佛得大勢於意

云何尒時常不輕菩薩豈異人乎則我身是
若我於宿世不受持讀誦此經為他人說者
不能疾得阿耨多羅三藐三菩提我於先佛
所受持讀誦此經為人說故疾得阿耨多羅
三藐三菩提得大勢彼時四衆比丘比丘尼
優婆塞優婆夷以瞋恚意輕賤我故二百億
劫常不值佛不聞法不見僧千劫於阿鼻地
獄受大苦惱畢是罪已復遇常不輕菩薩教
化阿耨多羅三藐三菩提得大勢於汝意云
何尒時四衆常輕是菩薩者豈異人乎今此
會中颰陁婆羅等五百菩薩師子月等五百
比丘尼思佛等五百優婆塞皆於阿耨多羅
三藐三菩提不退轉者是得大勢當知是法
華經大饒益諸菩薩摩訶薩能令至於阿耨

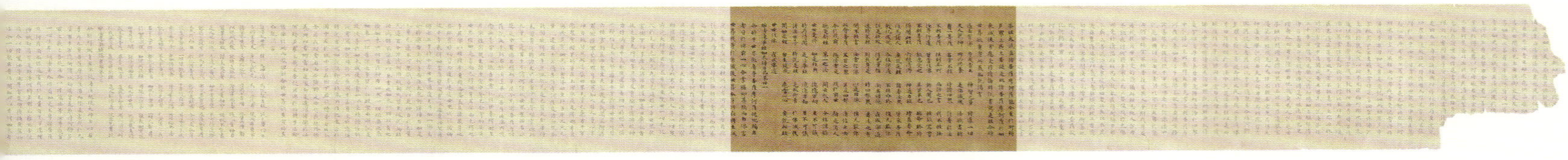

華經大饒益諸菩薩摩訶薩能令至於阿耨
多羅三藐三菩提是故諸菩薩摩訶薩於如
来滅後常應受持讀誦解說書寫是經尒時
世尊欲重宣此義而說偈言
過去有佛　号威音王　神智无量　將導一切
天人龍神　所共供養　是佛滅後　法欲盡時
有一菩薩　名常不輕　時諸四衆　計著於法
不輕菩薩　往到其所　而語之言　我不輕汝
汝等行道　皆當作佛　諸人聞已　輕毀罵詈
不輕菩薩　能忍受之　其罪畢已　臨命終時
得聞此經　六根清淨　神通力故　增益壽命
復為諸人　廣說是經　諸著法衆　皆蒙菩薩
教化成就　令住佛道　不輕命終　值无數佛
說是經故　得无量福　漸具功德　疾成佛道

彼時不輕　則我身是　時四部衆　著法之者
聞不輕言　汝當作佛　以是因緣　值无數佛
此會菩薩　五百之衆　并及四部　清信士女
今於我前　聽法者是　我於前世　勸是諸人
聽受斯經　第一之法　開示教人　令住涅槃
世世受持　如是經典　億億万劫　至不可議
時乃得聞　是法華經　億億万劫　至不可議
諸佛世尊　時說是經　是故行者　於佛滅後
聞如是經　勿生疑惑　應當一心　廣說此經
世世值佛　疾成佛道

妙法蓮華經如來神力品第廿一

尒時千世界微塵等菩薩摩訶薩從地踊出
者皆於佛前一心合掌瞻仰尊顔而白佛言
世尊我等於佛滅後世尊分身所在國土滅

BD00437　妙法蓮華經（八卷本）卷七

世尊我等於佛滅後世尊分身所在國土滅
度之處當廣說此經所以者何我等亦自欲
得是真淨大法受持讀誦解說書寫而供養
之尒時世尊於文殊師利等无量百千万億
舊住娑婆世界菩薩摩訶薩及諸比丘比丘
尼優婆塞優婆夷天龍夜叉乾闥婆阿脩羅
迦樓羅緊那羅摩睺羅伽人非人等一切衆
前現大神力出廣長舌上至梵世一切毛孔
放於无量无數色光皆悉遍照十方世界衆
寶樹下師子座上諸佛亦復如是出廣長舌
放无量光釋迦牟尼佛及寶樹下諸佛現神
力時滿百千歲然後還攝舌相一時謦欬俱
共彈指是二音聲遍至十方諸佛世界地皆
六種震動其中衆生天龍夜叉乾闥婆阿脩

羅迦樓羅緊那羅摩睺羅伽人非人等以佛
神力故皆見此娑婆世界无量无邊百千万
億衆寶樹下師子座上諸佛及見釋迦牟尼
佛共多寶如来在寶塔中坐師子座又見无
量无邊百千万億菩薩摩訶薩及諸四衆恭
敬圍繞釋迦牟尼佛既見是已皆大歡喜得
未曾有即時諸天於虛空中高聲唱言過此
无量无邊百千万億阿僧祇世界有國名娑
婆是中有佛名釋迦牟尼今為諸菩薩摩訶
薩說大乘經名妙法蓮華教菩薩法佛所護
念汝等當深心隨喜亦當礼拜供養釋迦牟
尼佛彼諸衆生聞虛空中聲已合掌向娑婆
世界作如是言南无釋迦牟尼佛南无釋迦
牟尼佛以種種華香瓔珞幡蓋及諸嚴身之

牟尼佛以種種華香瓔珞幡蓋及諸嚴身之
具珎寶妙物皆共遥散娑婆世界所散諸物
從十方来譬如雲集變成寶帳遍覆此閒諸
佛之上于時十方世界通達无㝵如一佛土
尒時佛告上行等菩薩大衆諸佛神力如是
无量无邊不可思議若我以是神力於无量
无邊百千万億阿僧祇劫為囑累故說此經
功德猶不能盡以要言之如来一切所有之
法如来一切自在神力如来一切秘要之藏
如来一切甚深之事皆於此經宣示顯說是
故汝等於如来滅後應當一心受持讀誦解
說書寫如說脩行所在國土若有受持讀誦
解說書寫如說脩行若經巻所住之處若於
園中若於林中若在樹下若於僧房若白衣

舍若在殿堂若山谷曠野是中皆應起塔供
養所以者何當知是處即是道場諸佛於此
得阿耨多羅三藐三菩提諸佛於此轉于法輪
諸佛於此而般涅槃尒時世尊欲重宣此義
而說偈言

諸佛救世者　住於大神通　為悅衆生故　現无量神力
舌相至梵天　身放无數光　為求佛道者　現此希有事
諸佛謦欬聲　及彈指之聲　周聞十方國　地皆六種動
以佛滅度後　能持是經故　諸佛皆歡喜　現无量神力
囑累是經故　讚美受持者　於无量劫中　猶故不能盡
是人之功德　无邊无有窮　如十方虛空　不可得邊際
能持是經者　則為已見我　亦見多寶佛　及諸分身者
又見我今日　教化諸菩薩　能持是經者　令我及分身
滅度多寶佛　一切皆歡喜　十方現在佛　并過去未來

滅度多寶佛　一切皆歡喜　十方現在佛　并過去未來
亦見亦供養　亦令得歡喜　諸佛坐道場　所得秘要法
能持是經者　不久亦當得　能持是經者　於諸法之義
名字及言辭　樂說无窮盡　如風於空中　一切无鄣㝵
於如來滅後　知佛所說經　因緣及次第　隨義如實說
如日月光明　能除諸幽冥　斯人行世間　能滅衆生暗
教无量菩薩　畢竟住一乘　是故有智者　聞此功德利
於我滅度後　應受持斯經　是人於佛道　決定无有疑
妙法蓮華經囑累品第廿二
尒時釋迦牟尼佛從法座起現大神力以右
手摩无量菩薩摩訶薩頂而作是言我於无
量百千万億阿僧祇劫脩習是難得阿耨多
羅三藐三菩提法今以付囑汝等汝等應當
一心流布此法廣令增益如是三摩諸菩薩

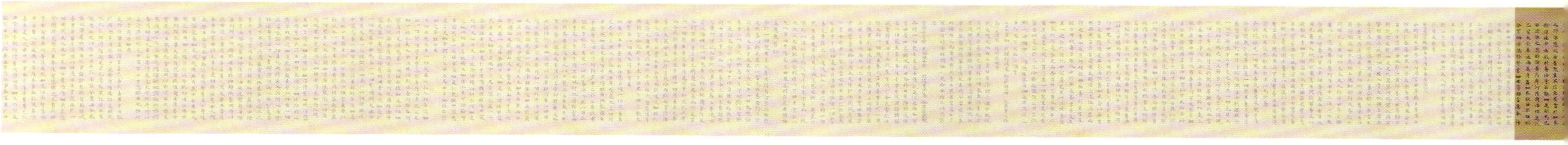

摩訶薩頂而作是言我於无量百千万億阿
僧祇劫脩習是難得阿耨多羅三藐三菩提
法令以付囑汝等汝等當受持讀誦廣宣此
法令一切衆生普得聞知所以者何如來有
大慈悲无諸慳悋亦无所畏能與衆生佛之
智慧如來智慧自然智慧如來是一切衆生
之大施主汝等應須隨學如來之法勿生慳
悋於未來世若有善男子善女人信如來智
慧者當爲說演此法華經使得聞知爲令其
人得佛慧故若有衆生不信受者當於如來
餘深法中示教利喜汝等若能如是則爲已
報諸佛之恩時諸菩薩摩訶薩聞佛作是說
已皆大歡喜遍滿其身益加恭敬曲躬低頭
合掌向佛俱發聲言如世尊勅當具奉行

合掌向佛俱發聲言如世尊勑當具奉行
唯然世尊願不有慮諸菩薩摩訶薩衆如是
三反俱發聲言如世尊勑當具奉行唯然世
尊願不有慮尒時釋迦牟尼佛令十方来諸
分身佛各還本土而作是言諸佛各隨所安
多寶佛塔還可如故說是語時十方无量分
身諸佛坐寶樹下師子座上者及多寶佛并
上行等无邊阿僧祇菩薩大衆舍利弗等聲
聞四衆及一切世間天人阿脩羅等聞佛所
說皆大歡喜

妙法蓮華經藥王菩薩本事品第廿三

尒時宿王華菩薩白佛言世尊藥王菩薩云
何遊於娑婆世界世尊是藥王菩薩有若干
百千万億那由他難行苦行善哉世尊願少

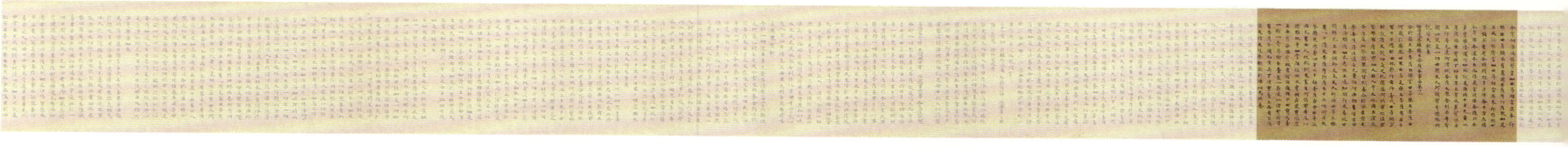

解說諸天龍神夜叉乾闥婆阿脩羅迦樓羅
緊那羅摩睺羅伽人非人等又他國土諸来
菩薩及此聲聞衆聞皆歡喜尒時佛告宿王
華菩薩乃往過去无量恒河沙劫有佛号日
月淨明德如来應供正遍知明行足善逝世
間解无上士調御丈夫天人師佛世尊其佛
有八十億大菩薩摩訶薩七十二恒河沙大
聲聞衆佛壽四万二千劫菩薩壽命亦等彼
國无有女人地獄餓鬼畜生阿脩羅等及以
諸難地平如掌瑠璃所成寶樹莊嚴寶帳覆
上垂寶華幡寶瓶香爐周遍國界七寶為臺
一樹一臺其樹去臺盡一箭道此諸寶樹皆
有菩薩聲聞而坐其下諸寶臺上各有百億
諸天作天伎樂歌歎於佛以為供養

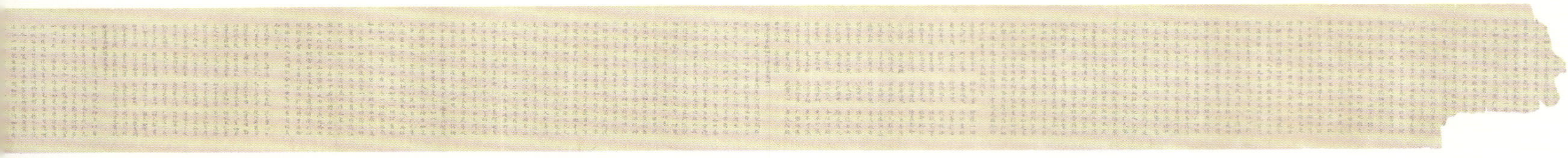

諸天作天伎樂歌歎於佛以爲供養
尒時彼佛爲一切衆生喜見菩薩及衆菩薩
諸聲聞衆說法華經是一切衆生喜見菩薩
樂習苦行於日月淨明德佛法中精進經行
一心求佛滿万二千歲已得現一切色身三
昧得此三昧已心大歡喜即作念言我得現
一切色身三昧皆是得聞法華經力我今當
供養日月淨明德佛及法華經即時入是三
昧於虛空中雨曼陁羅華摩訶曼陁羅華細
末堅黑栴檀滿虛空中如雲而下又雨海此
岸栴檀之香此香六銖價直娑婆世界以供
養佛作是供養已從三昧起而自念言我雖
以神力供養於佛不如以身供養即服諸香
栴檀薰陸兜樓婆畢力迦沈水膠香又飲瞻

蔔諸華香油滿千二百歲已香油塗身於日月
淨明德佛前以天寶衣而自纏身灌諸香油
以神通力願而自然身光明遍照八十億恒河
沙世界其中諸佛同時讚言善哉善哉善男
子是真精進是名真法供養如來若以華香
瓔珞燒香末香塗香天繒幡蓋及海此岸栴
檀之香如是等種種諸物供養所不能及
假使國城妻子布施亦所不及善男子是名
第一之施於諸施中最尊最上以法供養諸
如來故作是語已而各嘿然其身火然千二
百歲過是已後其身乃盡一切衆生喜見菩
薩作如是法供養已命終之後復生日月淨
明德佛國中於淨德王家結跏趺坐忽然化
生即為其父而說偈言

BD00437　妙法蓮華經（八卷本）卷七

生即為其父而說偈言
大王今當知　我經行彼處　即時得一切　現諸身三昧
勤行大精進　捨所愛之身
說是偈已而白父言　日月淨明德佛今故現
在我先供養佛已得解一切眾生語言陁羅
尼復聞是法華經八百千万億那由他甄迦
羅頻婆羅阿閦婆等偈大王我今當還供養
此佛白已即坐七寶之臺上昇虛空高七多
羅樹往到佛所頭面礼足合十指爪以偈讚
佛
容顏甚奇妙　光明照十方　我適曾供養　今復還親覲
尒時一切眾生喜見菩薩說是偈已而白佛
言世尊世尊猶故在世尒時日月淨明德佛
告一切眾生喜見菩薩善男子我涅槃時到

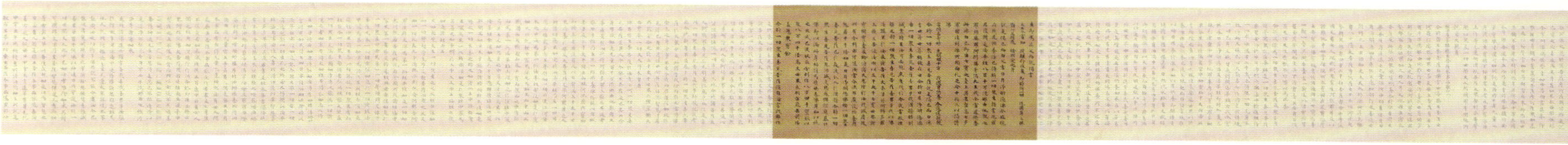

滅盡時至汝可安施床座我於今夜當般涅
槃又勅一切衆生喜見菩薩善男子我以佛
法囑累於汝及諸菩薩大弟子并阿耨多羅
三藐三菩提法亦以三千大千七寶世界諸
寶樹寶臺及給侍諸天悉付於汝我滅度後
所有舍利亦付囑汝當令流布廣設供養應
起若干千塔如是日月淨明德佛勅一切衆生
喜見菩薩已於夜後分入於涅槃尒時一切
衆生喜見菩薩見佛滅度悲感懊惱戀慕於
佛即以海此岸栴檀為𧂐供養佛身而以燒
之火滅已後收取舍利作八万四千寶瓶以
起八万四千塔高三世界表刹莊嚴垂諸幡
蓋懸衆寶鈴
尒時一切衆生喜見菩薩復自念言我雖作

尒時一切衆生喜見菩薩復自念言我雖作
是供養心猶未足我今當更供養舍利便語
諸菩薩大弟子及天龍夜叉等一切大衆汝
等當一心念我今供養日月淨明德佛舍利
作是語已即於八万四千塔前然百福莊嚴
臂七万二千歲而以供養令无數求聲聞衆
无量阿僧祇人發阿耨多羅三藐三菩提心
皆使得住現一切色身三昧尒時諸菩薩天
人阿脩羅等見其无臂憂惱悲哀而作是言
此一切衆生喜見菩薩是我等師教化我者
而今燒臂身不具足于時一切衆生喜見菩
薩於大衆中立此誓言我捨兩臂必當得佛
金色之身若實不虛令我兩臂還復如故作
是誓已自然還復由斯菩薩福德智慧淳厚

所致當尒之時三千大千世界六種震動天
雨寶華一切天人得未曾有
佛告宿王華菩薩於汝意云何一切衆生喜
見菩薩豈異人乎今藥王菩薩是也其所捨
身布施如是无量百千万億那由他數宿王
華若有發心欲得阿耨多羅三藐三菩提者
能然手指乃至足一指供養佛塔勝以國城
妻子及三千大千國土山林河池諸珍寶物
而供養者若復有人以七寶滿三千大千世
界供養於佛及大菩薩辟支佛阿羅漢是人
所得功德不如受持此法華經乃至一四句
偈其福最多宿王華譬如一切川流江河諸
水之中海為第一此法華經亦復如是於諸
如來所說經中最為深大又如土山黑山小

如來所說經中冣為深大又如土山黑山小
鐵圍山大鐵圍山及十寶山眾山之中須弥
山為第一此法華經亦復如是於諸經中冣
為其上又如眾星之中月天子冣為第一此
法華經亦復如是於千万億種諸經法中冣
照明又如日天子能除諸暗此經亦復如是
能破一切不善之暗又如諸小王中轉輪聖
王冣為第一此經亦復如是於眾經中冣為
其尊又如帝釋於三十三天中王此經亦復
如是諸經中王
又如大梵天王一切眾生之父此經亦復如
如一切賢聖學无學及發菩薩心者之父又
如一切凡夫人中須陁洹斯陁含阿那含阿
羅漢辟支佛為第一此經亦復如是一切如

來所説若菩薩所説若聲聞所説諸經法中
最為第一有能受持是經典者亦復如是於
一切衆生中亦為第一一切聲聞辟支佛中
菩薩為第一此經亦復如是於一切諸經法
中最為第一如佛為諸法王此經亦復如是
諸經中王宿王華此經能救一切衆生者此
經能令一切衆生離諸苦惱此經能大饒益
一切衆生充滿其願如清涼池能滿一切諸
渴之者如寒者得火如裸者得衣如商人得
主如子得母如渡得船如病得醫如暗得燈如
貧得寶如民得王如賈客得海如炬除暗此
法華經亦復如是能令衆生離一切苦一切
病痛能解一切生死之縛若人得聞此法華
經若自書若使人書所得功德以佛智慧籌

經若自書若使人書所得功德以佛智慧籌
量多少不得其邊若書是經卷華香瓔珞燒
香末香塗香幡蓋衣服種種之燈蘇燈油燈
諸香油燈瞻蔔油燈須曼油燈波羅羅油燈
婆利師油燈燈那婆摩利油燈供養所得功
德亦復无量宿王華若有人聞是藥王菩薩
本事品者亦得无量无邊功德若有女人聞
是藥王菩薩本事品能受持者盡是女身後
不復受若如來滅後後五百歲中若有女人
聞是經典如說脩行於此命終即往安樂世
界阿弥陀佛大菩薩衆圍繞住處生蓮華中
寶座之上不復為貪欲所惱亦復不為瞋恚
愚癡所惱亦復不為憍慢嫉妬諸垢所惱得
菩薩神通无生法忍得是忍已眼根清淨以

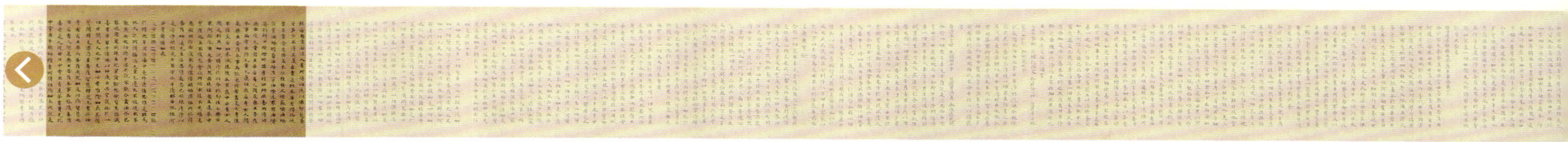

是清淨眼根見七百万二千億那由他恒河
沙等諸佛如来
是時諸佛遙共讚言善哉善哉善男子汝能
於釋迦牟尼佛法中受持讀誦思惟是經爲
他人說所得福德无量无邊火不能燒水不
能漂汝之功德千佛共說不能令盡汝今已
能破諸魔賊壞生死軍諸餘怨敵皆悉摧滅
善男子百千諸佛以神通力共守護汝於一
切世間天人之中无如汝者唯除如来其諸
聲聞辟支佛乃至菩薩智慧禪定无有與汝
等者宿王華此菩薩成就如是功德智慧之
力若有人聞是藥王菩薩本事品能隨喜讚
善者是人現世口中常出青蓮華香身毛孔
中常出牛頭栴檀香所得功德如上所說是

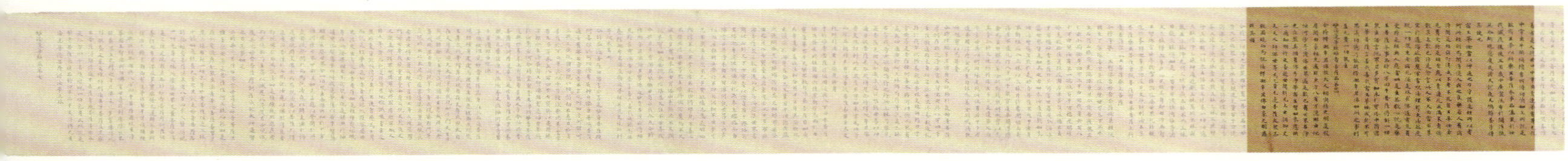

善者是人現世口中常出青蓮華香身毛孔
中常出牛頭栴檀香所得功德如上所說是
故宿王華以此藥王菩薩本事品囑累於汝
我滅度後後五百歲中廣宣流布於閻浮提
無令斷絶惡魔魔民諸天龍夜叉鳩槃荼等得
其便也
宿王華汝當以神通之力守護是經所以者
何此經則爲閻浮提人病之良藥若人有病
得聞是經病即消滅不老不死宿王華汝若
見有受持是經者應以青蓮花盛滿末香供
散其上散已作是念言此人不久必當取草
坐於道場破諸魔軍當吹法螺擊大法鼓度
脱一切衆生老病死海是故求佛道者見有
受持是經典人應當如是生恭敬心說是藥

王菩薩本事品時八万四千菩薩得解一切
衆生語言陁羅尼多寶如来於寶塔中讃宿
王華菩薩言善哉善哉宿王華汝成就不可
思議功德乃能問釋迦牟尼佛如此之事利
益无量一切衆生

妙法蓮華經妙音菩薩品第廿四

尒時釋迦牟尼佛放大人相肉髻光明及放
眉間白豪相光遍照東方八百万億那由他
恒河沙等諸佛世界過是數已有世界名淨
光莊嚴其國有佛号淨華宿王智如来應供
正遍知明行足善逝世間解无上士調御丈
夫天人師佛世尊為无量无邊菩薩大衆恭
敬圍繞而為說法釋迦牟尼佛白豪光明遍
照其國

照其國
尒時一切淨光莊嚴國中有一菩薩名曰妙
音久已殖衆德本供養親近无量百千万億
諸佛而悉成就甚深智慧得妙幢相三昧法
華三昧淨德三昧宿王戲三昧无緣三昧智
印三昧解一切衆生語言三昧集一切功德
三昧清淨三昧神通遊戲三昧慧炬三昧莊
嚴王三昧淨光明三昧淨藏三昧不共三昧
日旋三昧得如是等百千万億恒河沙等諸
大三昧釋迦牟尼佛光照其身即白淨華宿
王智佛言世尊我當往詣娑婆世界礼拜親
近供養釋迦牟尼佛及見文殊師利法王子
菩薩藥王菩薩勇施菩薩宿王華菩薩上行
意菩薩莊嚴王菩薩藥上菩薩

尒時淨華宿王智佛告妙音菩薩汝莫輕彼
國生下劣想善男子彼娑婆世界高下不平
土石諸山穢惡充滿佛身卑小諸菩薩衆其
形亦小而汝身四万二千由旬我身六百八
十万由旬汝身第一端政百千万福光明殊
妙是故汝往莫輕彼國若佛菩薩及國土生
下劣想妙音菩薩白其佛言世尊我今詣娑
婆世界皆是如来之力如来神通遊戲如来
功德智慧莊嚴於是妙音菩薩不起于座身
不動揺而入三昧以三昧力於耆闍崛山去
法座不遠化作八万四千衆寶蓮華閻浮檀
金為莖白銀為葉金剛為鬚甄𠨍迦寶以為
其臺尒時文殊師利法王子見是蓮華而白
佛言世尊以何因緣先現此瑞有若干千万

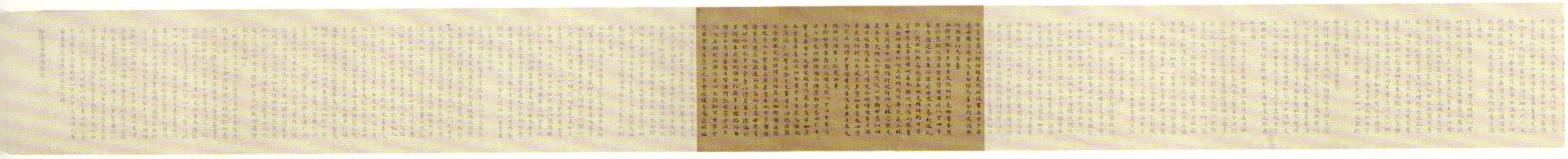

佛言世尊以何因緣先現此瑞有若千千万
蓮華閻浮檀金為莖白銀為葉金剛為鬚甄
叔迦寶以為其臺
尒時釋迦牟尼佛告文殊師利是妙音菩薩
摩訶薩欲從淨華宿王智佛國與八万四千
菩薩圍遶而来至此娑婆世界供養親近礼
拜於我亦欲供養聽法華經文殊師利白佛
言世尊是菩薩種何善本脩何功德而能有
是大神通力行何三昧願為我等說是三昧
名字我等亦欲勤脩行之行此三昧乃能見
是菩薩色相大小威儀進止唯願世尊以神
通力彼菩薩来令我得見尒時釋迦牟尼佛
告文殊師利此久滅度多寶如来當為汝等
而現其相時多寶佛告彼菩薩善男子来文

殊師利法王子欲見汝身
于時妙音菩薩於彼國沒與八万四千菩薩
俱共發来所經諸國六種震動皆悉雨於七
寶蓮華百千天樂不皷自鳴是菩薩目如廣
大青蓮華葉政使和合百千万月其面貌端
正復過於此身真金色无量百千功德莊嚴
威德熾盛光明照耀諸相具足如那羅延堅
固之身入七寶臺上昇虛空去地七多羅樹
諸菩薩眾恭敬圍遶而来詣此娑婆世界耆
闍崛山到已下七寶臺以價直百千瓔珞持
至釋迦牟尼佛所頭面礼足奉上瓔珞而白
佛言世尊淨華宿王智佛問訊世尊少病少
惱起居輕利安樂行不四大調和不世事可
忍不眾生易度不无多貪欲瞋恚愚癡嫉妬

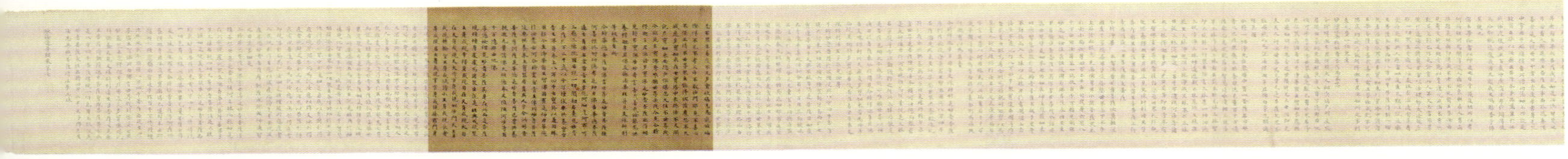

忍不衆生易度不无多貪欲瞋恚愚癡嫉妬
慳慢不无不孝父母不敬沙門耶見不善心
不攝五情不世尊衆生能降伏諸魔怨不久
滅度多寶如来在七寶塔中来聽法不又問
訊多寶如来安隱少惱堪忍久住不世尊我
今欲見多寶佛身唯願世尊示我今見尒時
釋迦牟尼佛語多寶佛是妙音菩薩欲得相
見時多寶佛告妙音言善哉善哉汝能為供
養釋迦牟尼佛及聽法華經并見文殊師利
等故来至此
尒時華德菩薩白佛言世尊是妙音菩薩種
何善根修何功德有是神力佛告華德菩薩
過去有佛名雲雷音王多陁阿伽度阿羅呵
三藐三佛陁國名現一切世間劫名憙見妙音

菩薩於万二千歲以十万種伎樂供養雲雷
音王佛并奉上八万四千七寶鉢以是因緣
果報今生淨華宿王智佛國有是神力華德
於汝意云何尒時雲雷音王佛所妙音菩薩
伎樂供養奉上寶器者豈異人乎今此妙音
菩薩摩訶薩是華德是妙音菩薩已曾供養
親近无量諸佛久殖德本又值恒河沙等百
千万億那由他佛
華德汝但見妙音菩薩其身在此而是菩薩
現種種身處處爲諸衆生說是經典或現梵
王身或現帝釋身或現自在天身或現大自
在天身或現天大將軍身或現毗沙門天王身
或現轉輪聖王身或現諸小王身或現長者
身或現居士身或現宰官身或現婆羅門身
或現比丘比丘尼優婆塞優婆夷身或現長

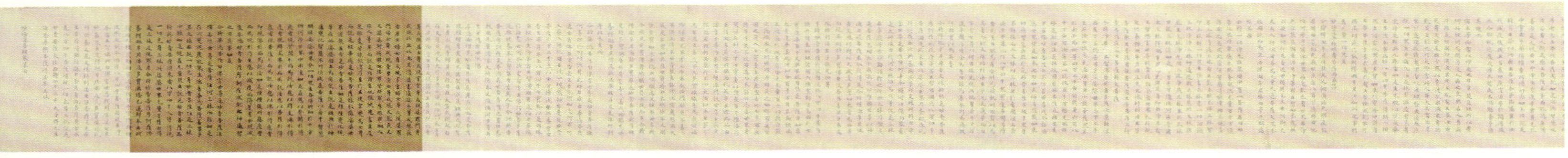

身或現居士身或現宰官身或現婆羅門身
或現比丘比丘尼優婆塞優婆夷身或現長
者居士婦女身或現宰官婦女身或現婆羅
門婦女身或現童男童女身或現天龍夜叉
叉闥婆阿脩羅迦樓羅緊那羅摩睺羅伽人
非人等身而說是經諸有地獄餓鬼畜生及
衆難處皆能救濟乃至於王後宮變為女身
而說是經華德是妙音菩薩能救護娑婆世
界諸衆生者是妙音菩薩如是種種變化現
身在此娑婆國土為諸衆生說是經典於神
通變化智慧不所損減是菩薩以若干智慧
明照娑婆世界令一切衆生各得所知於十方
恒河沙世界中亦復如是若應以聲聞形得
度者現聲聞形而為說法應以辟支佛形得
度者現辟支佛形而為說法應以菩薩形得

度者現菩薩形而爲說法應以佛形得度者
即現佛形而爲說法如是種種隨所應度者
而爲現形乃至應以滅度而得度者示現滅
度華德妙音菩薩摩訶薩成就大神通智
之力其事如是
尒時華德菩薩白佛言世尊是妙音菩薩深
種善根世尊是菩薩住何三昧而能如是
在所變現度脫衆生佛告華德菩薩善男子
其三昧名現一切色身妙音菩薩住是三昧
中能如是饒益无量衆生說是妙音菩薩品
時與妙音菩薩俱来者八万四千人皆得現
一切色身三昧此娑婆世界无量菩薩亦得
是三昧及陁羅尼尒時妙音菩薩摩訶薩供
養釋迦牟尼佛及多寶佛塔已還歸本土所

養釋迦牟尼佛及多寶佛塔已還歸本土所
諸國六種震動雨寶蓮華作百千万億種種
伎樂既到本國與八万四千菩薩圍繞至淨
華宿王智佛所白佛言世尊我到娑婆世界
饒益衆生見釋迦牟尼佛及見多寶佛塔礼
拜供養又見文殊師利法王子菩薩及見藥
王菩薩得勤精進力菩薩勇施菩薩等亦令
是八万四千菩薩得現一切色身三昧說是
妙音菩薩來往品時四万二千天子得无生
法忍華德菩薩得法華三昧

妙法蓮華經卷第七

BD00438 大般若波羅蜜多經卷五九

（唐）玄奘 譯

45cm × 26.4cm

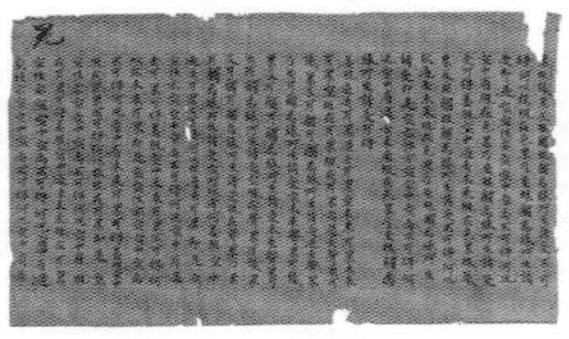

界眼識界及眼觸眼觸爲緣所生諸受不可
得何以故現在色界乃至眼觸爲緣所生諸
受即是空空性亦空空中空尚不可得何况
空中有現在色界乃至眼觸爲緣所生諸受
受可得善現空中過去未來現在色界眼識
界及眼觸眼觸爲緣所生諸受不可得何以
故過去未來現在色界乃至眼觸爲緣所生
諸受即是空空性亦空空中空尚不可得何
况空中有過去未來現在色界乃至眼觸爲
緣所生諸受可得
善現過去耳界過去耳界空未來耳界未來
耳界空現在耳界現在耳界空過去聲界耳
識界及耳觸耳觸爲緣所生諸受過去聲界
乃至耳觸爲緣所生諸受空未來聲界耳識

兌

界及耳觸耳觸爲緣所生諸受未來聲界乃
至耳觸耳觸爲緣所生諸受空現在聲界耳識界
及耳觸耳觸爲緣所生諸受現在聲界乃至
耳觸耳觸爲緣所生諸受空所以者何善現空中
過去耳界不可得何以故過去耳界即是空
空性亦空空中空尚不可得何況空中有過
去耳界可得善現空中未來耳界不可得何
以故未來耳界即是空空性亦空空中空尚
不可得何況空中有未來耳界可得善現空中
現在耳界不可得何以故現在耳界即是空
空性亦空空中空尚不可得何況空中有現
在耳界可得善現空中過去未來現在耳界
空性亦空空中空尚不可得何況空中有過
空性亦空空中空尚不可得何況空中有過

BD00439 父母恩重經

BD00439v 般若波羅蜜多心經

（唐）玄奘 譯

70.5cm×26cm

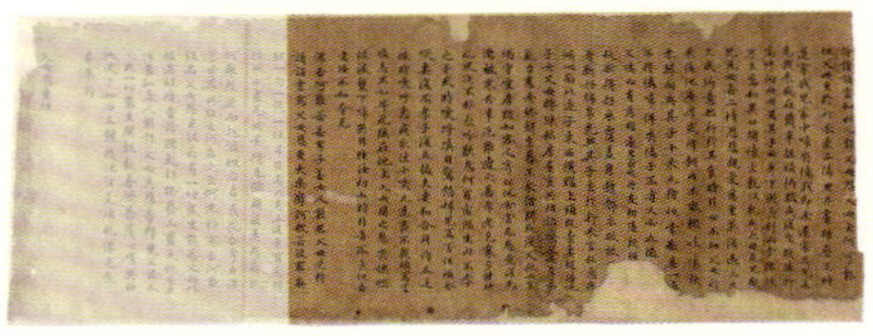

持讀誦當知此人報父母恩父母云何可報
但父母至於行來東西隣里井竈碓磨不時
還家我兒家中啼哭憶我即來還家其兒遥
見我來或在蘭車搖頭挵腦或復曳腹隨行
嗚呼向母母爲其子曲身下就長舒兩手拂拭
塵土嗚和其口開懷出乳以乳與之母見兒歡
兒見母喜二情恩悲親愛慈重莫復過二歲
三歲弄意始行於其食時非母不知父母行
來值他座席或得餅肉不噉輟味懷挾
來歸向與其子十來九得恒常歡喜一過
不得憍啼佯哭憍子不孝又必五擿
不憍必有慈順遂至長大朋友相随梳頭
髮欲得好衣覆蓋身體弊衣破故
著新好綿帛先與其子至於行來官私急疾

傾心南北逐子東西橫搖上頭既索妻婦得他
子女父母轉疎私房屋室共相語樂父母年高
氣力衰老終朝至暮不來借問或復父孤母寡
獨守空房猶如客人寄心他舍常无恩愛復无
濡被寒苦辛厄難遭之甚年老色衰多饒蟣
虱夙夜不臥長吟歎息何罪宿愆生此不孝
之子或時喚呼嗔目驚怒婦兒罵詈低頭含
咲妻復不孝子復五擿夫妻和合同作五逆
彼時喚呼急疾取使十喚九違盡不從順罵詈
瞋恚不如早死強在地上父母聞之悲哭懊惱
流淚雙下啼哭目腫汝初小時非吾不長但吾
生汝不如本无
佛告阿難若善男子善女人能為父母受持
讀誦書寫父母恩重大乘摩訶般若波羅蜜

讀誦書寫父母恩重大乘摩訶般若波羅蜜
經一句一偈一經耳目者所有五逆重罪悉得
消滅永盡无餘常得見佛聞法速得解脫
阿難從座而起偏袒右肩長跪合掌白佛
言世尊此經云何名之云何奉持佛告阿難
經名父母恩重經若有一切衆生能為父母作
福造經燒香請佛禮拜供養三寶或飲食衆
僧當知是人能報父母其恩帝釋梵王諸天
人民一切衆生聞經歡喜發菩薩心嗥哭動
地淚下如雨五體投地信受頂禮佛足歡
喜奉行

父母恩重經

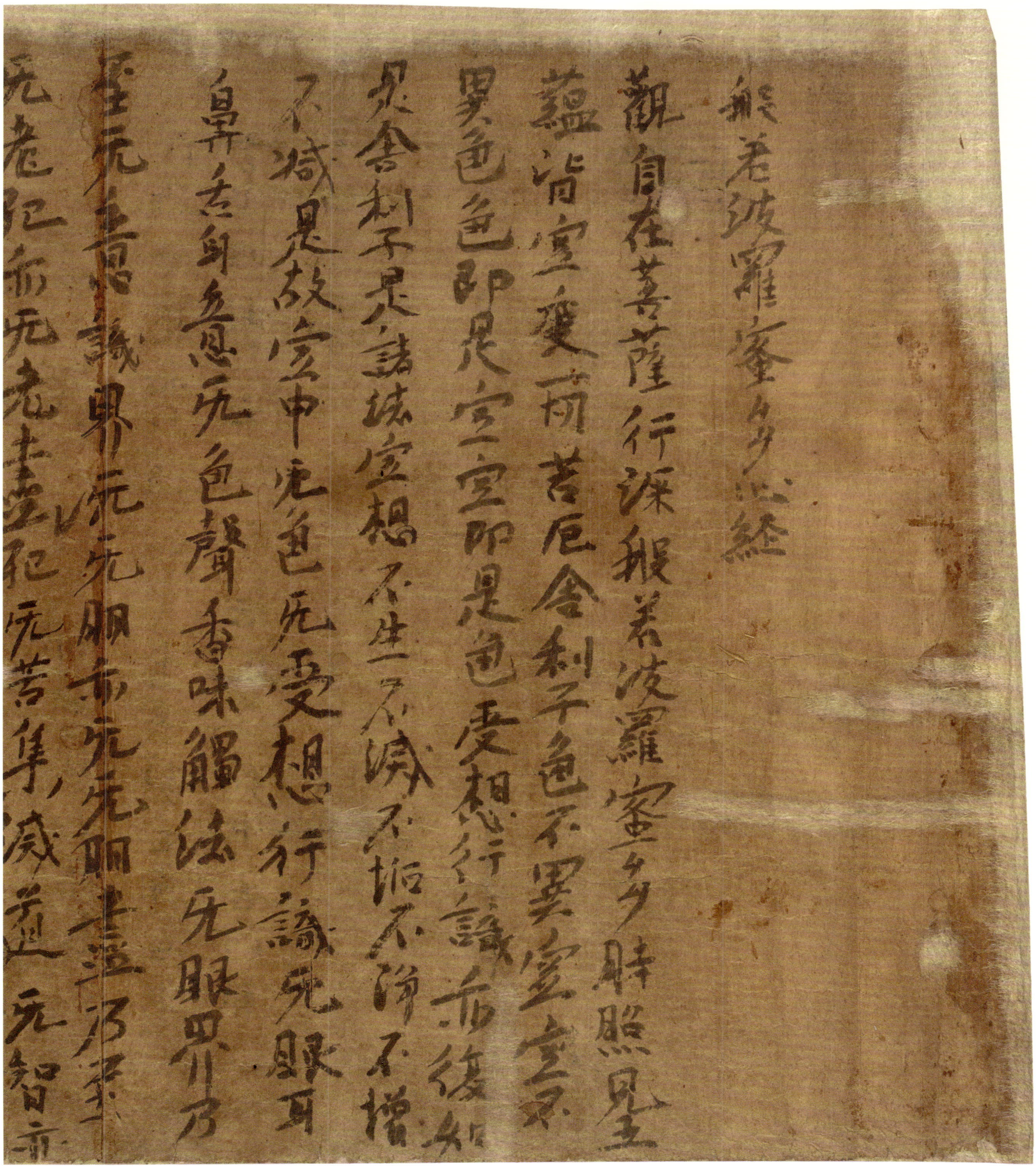

般若波羅蜜多心經
觀自在菩薩行深般若波羅蜜多時照見五
蘊皆空度一切苦厄舍利子色不異空空不
異色色即是空空即是色受想行識亦復如
是舍利子是諸法空想不生不滅不垢不淨不增
不減是故空中无色无受想行識无眼耳
鼻舌身意无色聲香味觸法无眼界乃
至无意識界无无明亦无无明盡乃至
无老死亦无老死盡无苦集滅道无智亦

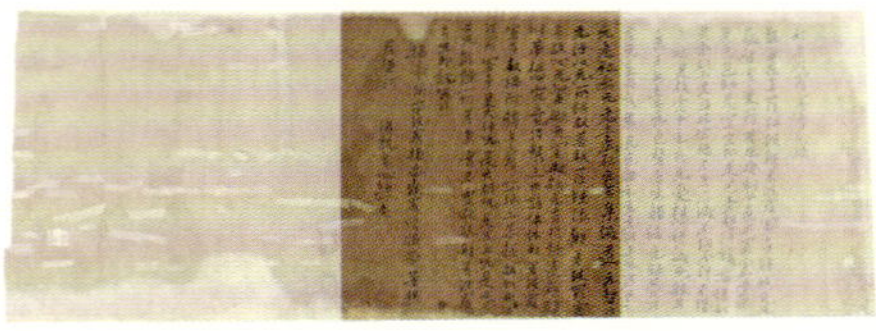

无老死亦无老死盡无苦集滅道无智亦
无得以无所得故菩提薩埵依般若波羅蜜
多故心无罣礙无罣礙故无有恐怖遠離顛
倒夢想究竟涅槃三世諸佛依般若波羅
蜜多故得阿耨多羅三藐三菩提故知般若
波羅蜜多是大神呪是大明呪是无上呪是无等
等呪能除一切苦真實不虛故說般若波羅
蜜多呪即說呪曰
揭帝揭帝波羅揭帝波羅僧揭帝菩提
薩婆訶
佛說多心經一卷

BD00440 大方廣佛華嚴經卷三四

（東晉）佛馱跋陀羅 譯

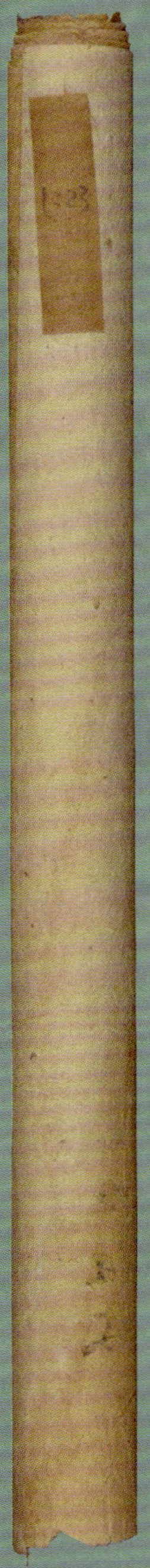

37.5cm × 25.4cm

照大地但彼
故照有先後如來應供等正覺
亦復如是成就无量无邊法界智慧日輪常
放无量无导智慧光先照菩薩摩訶薩等諸
大山王次照緣覺次照聲聞次照決定善根
衆生隨應受化然後悉照一切衆生乃至邪
定為作未來饒益因緣如來智慧日光不作
是念我當先照菩薩乃至邪定但放大智光
普照一切佛子譬如日月出現世間乃至深
山幽谷无不普照如來智慧日月亦復如
是普照一切无不明了但衆生希望善根不
同故如來智光種種差別佛子是為菩薩摩

訶薩第四勝行知見如來復次佛子譬如日
出世間生盲眾生未曾覩見何以故无宍眼
故佛子此生盲眾生雖不見日亦為日光之
所饒益因日光故所得飲食資生眾具消除
冷濕令身輕濡風寒淡陰諸患悉除安隱快
樂如來慧日出現世間亦復如是一切邪見
犯戒无智邪命生盲眾生未曾覩佛智慧日
光何以故无信心眼故佛子生盲眾生雖不
見如來智慧日光然此眾生亦為如來智慧
光之所

BD00441　天地八陽神咒經

BD00441v　雜寫

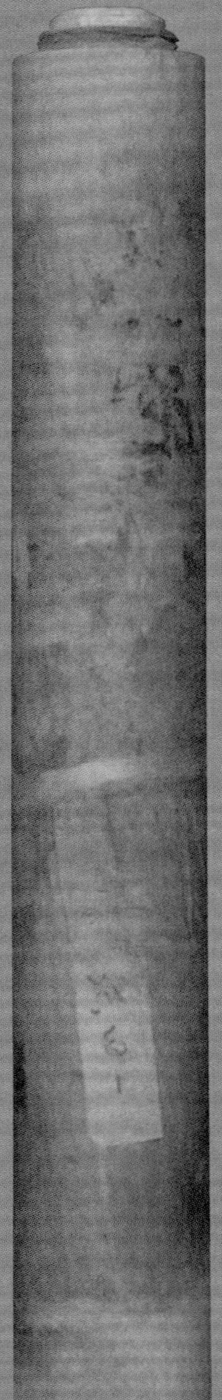

270.9cm × 25.1cm

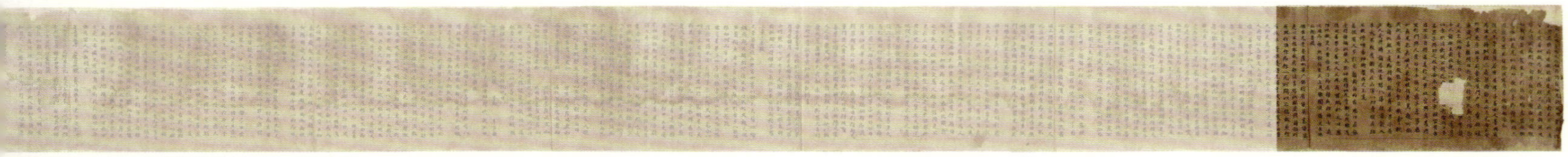

祟邪魔外道魍魎鬼魅鳥鳴百怪是諸惡鬼覓來惱
亂與其橫病惡腫惡疰受其痛苦无有休息
皆悉遇善知識為說八陽經三遍是諸惡鬼
皆悉消滅病則除愈身强力足讀經功德獲
如斯福若有衆生多於淫欲瞋恚愚癡慳
貪嫉妬若見此經供敬供養即讀此經三
遍癡等惡並皆除滅慈悲喜捨得佛法分
復次无导菩薩若有善男子善女人等興有
為法先讀此經三遍築墻動土安立宅舍南堂
北堂東序西序廚舍客屋門户井竈碓磑
庫藏六畜蘭圈日遊月殺將軍太歲黃幡豹
尾五土地神青龍白虎[illegible]甲禁諱
十二諸神土尉伏龍一切鬼[illegible]以藏遠房
四方形消影滅不敢為[illegible]口利獲福无量
善男子興功之後堂舍永安屋宅牢固富貴吉
昌不求自得若遠行從軍仕宦興生甚得

宜利門興人貴百子千孫父慈子孝男忠
女貞兄恭弟順夫妻和睦信義篤親所願
成就若有衆生忽被縣官拘繫盜賊牽挽
暫讀此經三遍即得解脫若有善男子善
女人受持讀誦為他書寫八陽經者設入
水火不被焚漂或在山澤一切虎狼屏跡
不敢傳噬善神衛護成无上道
若復有人多於妄語綺語兩舌惡口若能
受持讀誦此經永除四過得四无导辯而成佛道
復次善男子善女人父母有罪臨終之日應
墮地獄受无量苦其子即為讀斯經典七遍
父母即離地獄而生天上見佛聞法悟无生忍
而證菩提
佛告无导菩薩毗婆尸佛時有優婆塞優婆
夷心不信邪敬崇佛法書寫此經受持讀誦所
有興作須作即作一无所問以正信故兼行
布施平等供養得无漏身成菩提道號曰普

BD00441　天地八陽神咒經

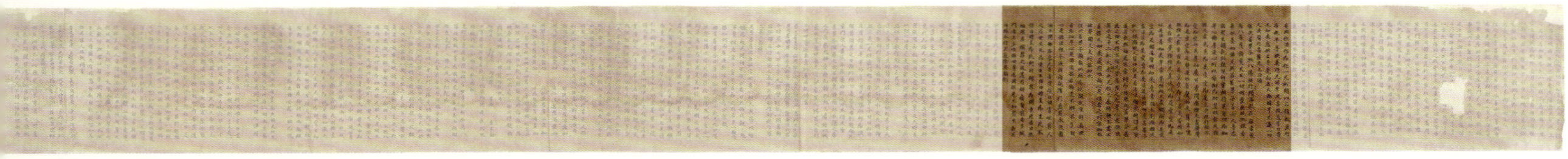

有興作須作即作一无所閡以正信故兼行
布施平等供養得无漏身成菩提道号曰普
光如來應供正等覺劫名大滿國号无邊一切
人民皆行菩薩无上正法
復次善男子此八陽經行閻浮提在在處處
有八菩薩諸梵天王一切明靈圍繞此經香
華供養如佛无異若善男子善女人等為
諸衆生講說此經深解實相得甚深理即知
身心佛身法心所以能知即知慧眼常見種
種无盡色色即是空空即是色受想行識亦
空即空妙色身如來耳常聞種種无盡聲聲
即是空空即是聲是妙音聲如來鼻常嗅
種種无盡香香即是空空即是香是香積如
來舌常覺種種无盡味味即是空空即是
味是法喜如來身常覺種種无盡觸觸即是空
空即是觸是智明如來意常想分別種種无

盡法法即是空空即是法法是法明如来善男子
此六根顯現人皆口說其善法法輪常轉得成聖
道若說邪語惡法常轉即墮惡趣善男子善
惡之理不得不信无㝵菩薩人之身心是佛法
器亦是十二部大經卷也无始已来轉轉不盡不
豪看毛如来藏經唯識心見性者之所能知非
諸聲聞凡夫所能知也
復次善男子讀誦此經為他講說深解真理
者即知身心是佛法器若醉迷不醒不了自
心是佛法根本流浪諸趣墮於惡道永流苦
海不聞佛名字无㝵菩薩復白佛言世尊人
之在世生死為重生不擇日時至即生死不
擇日時至即死何因殯葬即問良辰吉日然
始殯葬殯葬之後還有妨害貧窮者多滅
門者不少唯願世尊為諸邪見无知衆生說其
因緣令得正道除其顛倒

因緣合得正道除其顛倒
佛言善哉善哉善男子汝實甚能問於衆
生生死之事殯葬之法汝等諦聽當爲汝説人
智慧之理大道之法夫天地廣太清日月廣
長明時年善善美實无有異善男子人王
菩薩甚大慈悲愍念衆生皆如赤子下爲人
主作人父母順於俗民教於俗法造作曆日
頒下天下令知時節爲有平滿成收開除
之字執危破煞之文愚人依字信用无不
免於凶禍又使邪師厭鎮説是道非湿邪神
拜餓鬼却招殃自受苦如斯人輩反天時逆
地理北日月之光明常投闇室違正道之廣
路恒尋邪徑顛倒之甚也
復次善男子生時讀此經三遍兒則易生大
吉利聡明利智福徳具足而无中夭死時讀
經三遍一无妨害得福无量善男子日日好日

月月好月年年好年賓无閡但辦即須
殯葬殯葬之日讀此經七遍甚大吉利獲福无
量門榮人貴延年益壽命終之日並得成聖
善男子殯葬之地不問東西南北安隱之處
人之愛樂鬼神愛樂即讀此經三遍便以脩
營安置墓田永无災鄣家富人興甚大吉利
尒時世尊欲重宣此義而說偈言
勞生善善日　休殯好好時　生死讀此經　甚得大利益
月月善明月　年年大好年　讀經即殯葬　榮華万代昌
尒時衆中七万七千人聞佛所說心開意解
捨邪歸正得佛法分永除疑惑皆得阿耨多羅
三藐三菩提
无㝵菩薩復白佛言世尊一切凡夫皆以婚
媾為親先問相宜復取吉日然始成親已後
富貴偕老者少貧寒生離死別者多一種信
邪如何而有差別唯願世尊為決衆疑

[illegible]
邪如何而有差別唯願世尊為史衆疑
佛言善男子汝等諦聽當為汝說天陰地陽
月陰日陽水陰火陽男陰女陽天地氣合一
切草木生焉日月交運四時八節明焉水火
相承一切万物熟焉男女允諧子孫興焉皆
是天之常道自然之理世諦之法善男子愚
人无智信邪師卜問望吉而不脩善造種種
惡業命終之後復得人身者如指甲上土墮
於地獄作餓鬼畜生者如大地土善男子復
得人身正信脩善者如指甲上土信邪造惡
業者如大地土善男子若婚親莫問水火
相尅胎胞相蠹唯看相命即知福德多少
以為眷屬呼迎之日讀此經三遍即以成礼此乃
善善相因明明相屬門高人貴子孫興盛聡
明利智多才多藝孝敬相承甚大吉利而无
中夭福德具足皆成佛道

時有八菩薩承佛威神得大惣持常處人間
和光同塵破邪立正度四生處八解其名曰
跋陁和菩薩漏盡和　羅隣竭菩薩漏盡和
憍目兜菩薩漏盡和　須弥深菩薩漏盡和
那羅達菩薩漏盡和　因坻達菩薩漏盡和
和輪調菩薩漏盡和　無緣觀菩薩漏盡和
是八菩薩俱白佛言世尊我等於諸佛所受得
陁羅尼神呪而今說之擁護受持讀誦八陽
經者永无恐怖使一切不善之物不得侵損
讀經法師即於佛前而說呪曰
阿佉尼　尼佉尼　阿比羅　曼隸　曼多隸
世尊若有不善者欲來惱法師聞我說此呪
頭破作七分如阿梨樹枝
是時无邊身菩薩白佛言世尊云何名為八
陽經唯願世尊為諸聽衆解說其義令得醒
悟速達心本入佛知見永斷疑悔

陰經唯願世尊為諸聽衆解說其義令得醒
悟速達心本入佛知見永斷疑悔
佛言善哉善哉善男子汝等諦聽吾今為汝
解說八陽之經八者分別也陽者明解也明解
大乘无為之理了能分別識因緣空賷无所得
又云八識為經陽明為緯經緯相投以成經
教故名八陽經八識者眼是色識耳是聲識
鼻是香識舌是味識身是觸識意是分別
識含藏識阿賴耶識是名八識明了分別八
識根源空无所有即知兩眼光明天光明天
中即現日月光明世尊兩耳聲聞天聲聞天
中即現无量聲如來兩鼻佛香天佛香天中即
現香積如來口舌法味天法味天中即現法喜
如來身是盧舍那天盧舍那天中即現成
就盧舍那盧舍那鏡像盧舍那光明佛意
是无分別天无分別天中即現不動如來大
光明佛心是法界天法界天中即現空王如

来舍藏識天演出阿那含經大涅槃經
阿賴耶識天演出大智度論經瑜伽論經
善男子佛是即法法即是佛合為一相即現
大通智勝如来
佛說此經時一切大地六種震動光照天地无
有邊際浩浩蕩蕩而无所名一切幽冥皆
悉明朗一切地獄並皆消滅一切罪人俱得
離苦皆發无上菩提之心
尒時衆中八万八千菩薩一時成佛号曰虛
空藏如来應正等覺劫名圓滿國号无邊一
切人民无有彼此並證无諍三昧六万六千
比丘比丘尼優婆塞優婆夷得大摠持无
數天龍夜叉乾闥婆阿脩羅迦樓羅緊那羅
摩睺羅伽人非人等得法眼淨行菩薩道
復次善男子若復有人得官登位之日及
新入宅之日即讀此經三遍甚大吉利獲福
无量善男子若讀此經一遍者如讀一切經

BD00441　天地八陽神咒經

新入宅之日即讀此經三遍甚大吉利獲福
无量善男子若讀此經一遍者如讀一切經
一遍能寫一卷者如寫一切經一部其功德
不可稱不可量无有邊際如斯人等即成聖道
復次无邊身菩薩摩訶薩若有衆生不信正
法常生邪見忽聞此經即生誹謗言非佛
說是人現世得白癩病惡瘡膿血遍體交流
腥臊臭穢人皆憎嫉命終之日即墮阿鼻无
間地獄上火徹下下火徹上鐵叉遍身穿穴
五藏洋銅灌口筋骨爛壞一日一夜万死万
生受大苦痛无有休息謗斯經故獲罪如是
佛為罪人而說偈言
身是自然身　五體自然體　長乃自然長　老乃自然老
生則自然生　死則自然死　求長不得長　求短不得短
苦樂汝自當　邪正由汝已　欲作有為功　讀經莫問師
千千万万代　得道轉法輪

佛說此經已一切聽衆得未曾有心明意
淨歡喜踊躍皆見諸相非相入佛知見悟佛
知見无入无悟无知无見不得一法即涅槃樂

佛說八陽神呪經一卷

BD00441v　雜寫

BD00442 維摩詰所說經卷中

（後秦）鳩摩羅什 譯

80cm×25.5cm

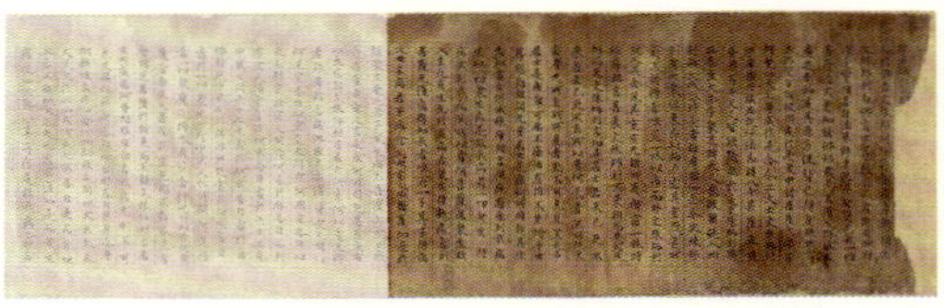

維摩詰所說經
尒時佛告文殊師利汝行詣維摩詰問疾
文殊師利白佛言世尊彼上人者難爲酬對
深達實相善說法要辯才无滯智慧无礙一切
菩薩法式悉知諸佛秘藏无不得入降伏衆
魔遊戲神通其惠方便皆已得度雖然當
承佛聖旨詣彼問疾於是衆中諸菩薩大弟子
釋梵四天王等咸作是念今二大士文殊師利
維摩詰共談必說妙法即時八千菩薩五百
聲聞百千天人皆欲隨從於是文殊師利與
諸菩薩大弟子衆及諸天人恭敬圍繞入毗
耶離大城尒時長者維摩詰心念今文殊師
利與大衆俱來即以神力空其室內除去所

（2–1）

有及諸侍者唯置一牀以疾而卧文殊師利
既入其舍見其室空无諸所有獨寢一牀時
維摩詰言善來文殊師利不來相而來不見
相而見文殊師利言如是居士若來已更不
來若去已更不去所以者何來者無所從來
去者无所至所可見者更不可見且置是事
居士是疾寧可忍不療治有損不至增乎世
尊慇懃致問无量居士是疾何所因起其生
久如當云何滅維摩詰言從癡有愛則我病
生以一切衆生病是故我病若一切衆生得
病滅則我病滅所以者何菩薩為衆生故
入生死有生死則有病若衆生得離病者則
菩薩无復病譬如長者唯有一子其子得病
父母亦病若子病愈父母亦愈菩薩如是於

父母亦病若子病愈父母亦愈菩薩如是於
諸衆生愛之若子衆生病則菩薩病衆生病
愈菩薩亦愈又言是疾何所因起菩薩疾者
以大悲起文殊師利言居士此室何以空无侍
者維摩詰言諸佛國土亦復皆空又問以
何為空答曰以空空又問空何用空答曰以
无分別空故空又問空可分別邪答曰分別
亦空又問空當於何求答曰當於六十二見
中求又問六十二見當於何求答曰當於諸
佛解脫中求又問諸佛解脫當於何求答曰
當於一切衆生心行中求又仁所問何无侍
者一切衆魔及諸外道皆吾侍也所以者何衆
魔者樂生死菩薩於生死而不捨外道者
樂諸見菩薩於諸見而不動文殊師利言居

士所疾為何等相維摩詰言我病无形不可
見又問此病身合耶心合耶答曰非身合身
相離故亦非心合心如幻故又問地大水大火
大風大於此四大何大之病答曰是病非地
大亦不離地大水火風大亦復如是而衆生
病從四大起以其有病是故我病尒時文殊

BD00443 大般若波羅蜜多經卷三〇七

（唐）玄奘 譯

BD00443v 勘記

49.5cm × 27.2cm

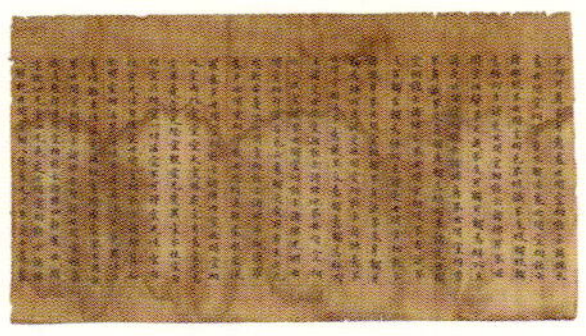

空相耳鼻舌身意處世間空相能示諸佛色
處世間空相聲香味觸法處世間空相能示
諸佛眼界世間空相色界眼識界及眼觸眼觸
為緣所生諸受世間空相能示諸佛耳界世
間空相聲界耳識界及耳觸耳觸為緣所生
諸受世間空相能示諸佛鼻界世間空相香
界鼻識界及鼻觸鼻觸為緣所生諸受世間
空相能示諸佛舌界世間空相味界舌識界
及舌觸舌觸為緣所生諸受世間空相能示
諸佛身界世間空相觸界身識界及身觸身
觸為緣所生諸受世間空相能示諸佛意界
世間空相法界意識界及意觸意觸為緣所
生諸受世間空相能示諸佛地界世間空相

水火風空識界世間空相能示諸佛无明世
間空相行識名色六處觸受愛取有生老死
愁歎苦憂惱世間空相能示諸佛布施波羅
蜜多世間空相淨戒安忍精進靜慮般若波
羅蜜多世間空相能示諸佛內空世間空相
外空內外空空空大空勝義空有為空无為
空畢竟空无際空散空无變異空本性空自
相空共相空一切法空不可得空无性空自
性空无性自性空世間空相能示諸佛真如
世間空相法界法性不虛妄性不變異性平
等性離生性法定法住實際虛空界不思議
界世間空相能示諸佛苦聖諦世間空相集
滅道聖諦世間空相能示諸佛四靜慮世間
空相四无量四无色定世間空相能示諸佛
八解脫世間空相八勝處九次第定十遍處

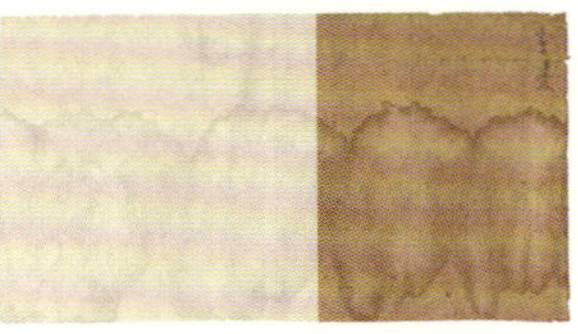

BD00443v 勘記

BD00444 妙法蓮華經卷五

（後秦）鳩摩羅什 譯

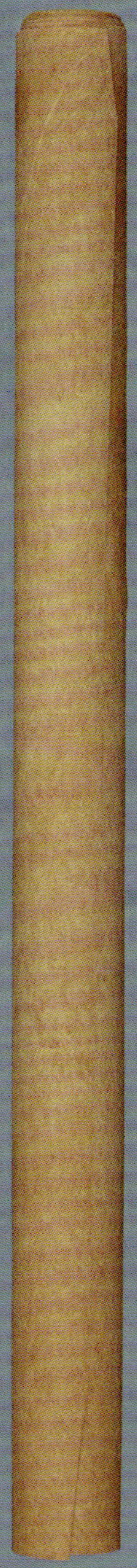

55.5cm × 25cm

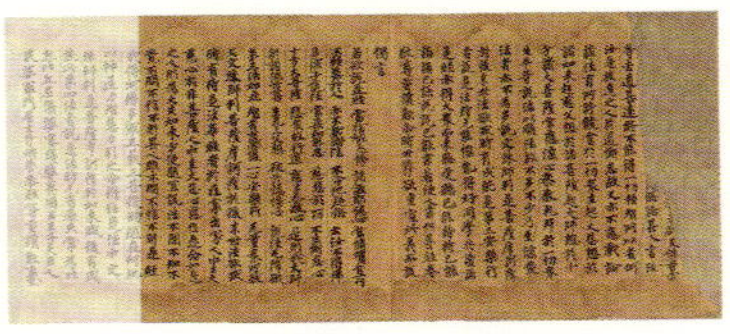

辟支佛者求
悔語其人言汝
等去道甚遠終不能得一切種智所以者何
汝是放逸之人於道懈怠故又亦不應戲論
諸法有所諍競當於一切衆生起大悲想於
諸如来起慈父想於諸菩薩起大師想於十
方諸大菩薩常應深心恭敬礼拜於一切衆
生平等說法以順法故不多不少乃至深愛
法者亦不為多說文殊師利是菩薩摩訶薩
於後末世法欲滅時有成就是第三安樂行
者說是法時无能惱亂得好同學共讀誦
是經亦得大衆而来聽受聽已能持持已能

誦誦已能說說已能書若使人書供養經卷
敬尊重讚歎尒時世尊欲重宣此義而說
偈言
若欲說是經　當捨嫉恚慢　諂誑邪偽心　常脩質直行
不輕蔑於人　亦不戲論法　不令他疑悔　云汝不得佛
是佛子說法　常柔和能忍　慈悲於一切　不生懈怠心
十方大菩薩　愍衆故行道　應生恭敬心　是則我大師
於諸佛世尊　生无上父想　破於憍慢心　說法无障礙
第三法如是　智者應守護　一心安樂行　无量衆所敬
又文殊師利菩薩摩訶薩於後末世法欲滅
時有持是法華經者於在家出家人中生大
慈心於非菩薩人中生大悲心應作是念如是
之人則為大失如來方便隨宜說法不聞不知不
覺不問不信不解其人雖不問不信不解是經

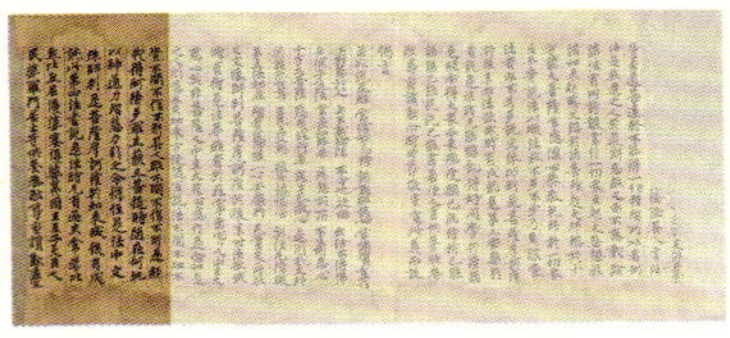

覺不問不信不解其人雖不問不信不解是經
我得阿耨多羅三藐三菩提時隨在何地
以神通力智慧力引之令得住是法中文
殊師利是菩薩摩訶薩於如來滅後有成
就此第四法者說是法時无有過失常為比
丘比丘尼優婆塞優婆夷國王王子大臣人
民婆羅門居士等供養恭敬尊重讚歎虛空

BD00445A

大般若波羅蜜多經卷五一六

（唐）玄奘 譯

BD00445Av

雜寫

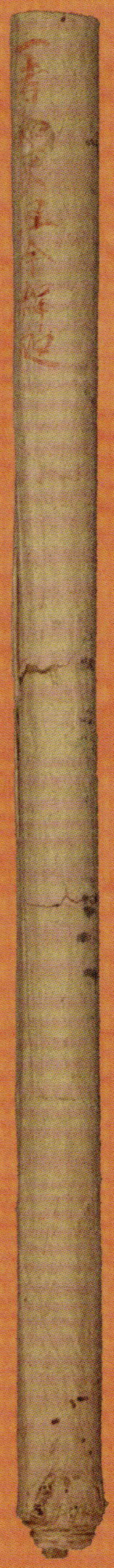

39cm×28.2cm

大般若波羅蜜多經卷第五百一十六
第三分空相品第廿一之二　三藏法師玄奘奉　詔譯
復次善現若菩薩摩訶薩深離般若波羅蜜
多說經殑伽沙等大劫布施三寶所謂佛寶法
寶僧寶於意云何是菩薩摩訶薩由此因
緣獲福多不善現答言甚多世尊甚多善逝
其福無量無數無邊不可思議不可稱計佛
告善現如是如是若菩薩摩訶薩依深般若
波羅蜜多經一晝夜如說而學所獲功德甚多
於彼無量無邊何以故甚深般若波羅蜜多
是諸菩薩摩訶薩乘諸菩薩摩訶薩乘
此乘故速到無上正等菩提轉妙法輪度有情
衆復次善現若菩薩摩訶薩離深般若波羅蜜
多說經殑伽沙等大劫供養預流一來不還應供

獨覺菩提如來於意云何是菩薩摩訶薩由此
因緣獲福多不善現答言甚多世尊甚多善逝其
福無量無數無邊不可思議不可稱計
佛告善現如是如是若菩薩摩訶薩依深
般若波羅蜜多經一晝夜如說而學所獲功德
甚多於彼無量無邊何以故諸菩薩摩訶薩行
深般若波羅蜜多超諸聲聞獨覺等地速入菩薩
正性離生復漸脩行諸菩薩疾證無上正等菩提轉
妙法輪度有情衆復次善現若菩薩摩訶薩離
深般若波羅蜜多設經殑伽沙等大劫精勤脩
學布施淨戒安忍精進靜慮般若於意云何是
菩薩摩訶薩由此因緣獲福多不善現答言甚多

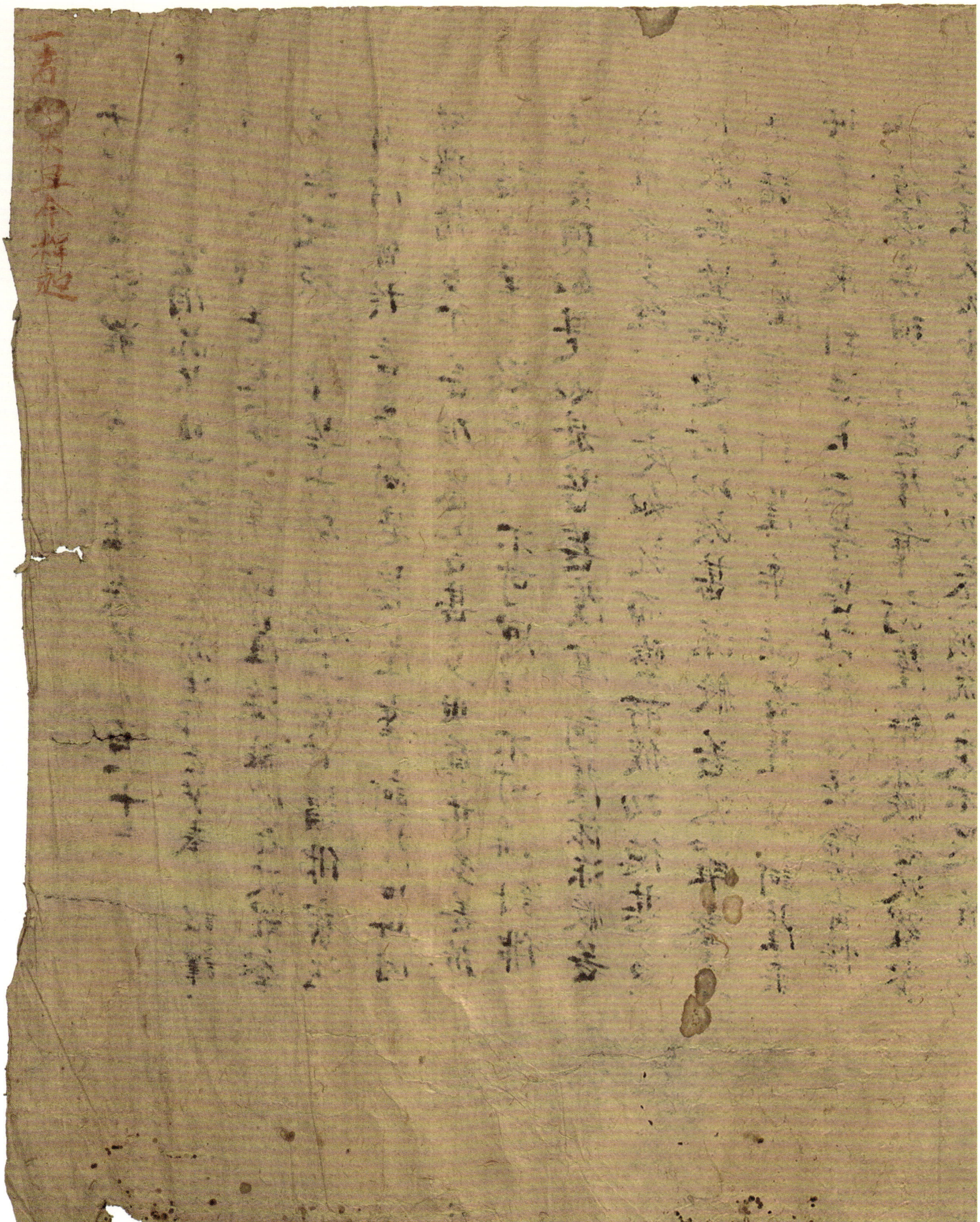

BD00445Av 雜寫

BD00445B

般若波羅蜜多心經

（唐）玄奘 譯

34cm × 26cm

般若波羅蜜多心經

觀自在菩薩行深般若波羅蜜多時照見五
蘊皆空度一切苦厄舍利子色不異空空不
異色色即是空空即是色受想行識亦復如是
舍利子是諸法空相不生不滅不垢不淨不增
不減是故空中无色无受想行識无眼
耳鼻舌身意无色聲香味觸法无眼界乃至
无意識界无无明亦无无明盡乃至无老死
亦无老死盡无苦集滅道无智亦无德以无
所得故菩提薩埵依般若波羅蜜多故心无
罣礙无罣礙故无有恐怖遠離顛倒夢想究
竟涅槃三世諸佛依般若波羅蜜多故得阿

耨多羅三藐三菩提故知般若波羅蜜多是
大神呪是大明呪是无上呪是无等等呪能
除一切苦真實不虛故說般若波羅蜜多呪
即說呪曰
揭帝揭帝　般羅揭帝　般

BD00446　維摩詰所說經卷中

（後秦）鳩摩羅什 譯

727.5cm × 26cm

在於生死不為汙行住於涅槃不永滅度是
菩薩行非凡夫行非賢聖行是菩薩行非垢
行非淨行是菩薩行雖過魔行而現降衆魔
是菩薩行求一切智无非時求是菩薩行雖
觀諸法不生而不入正位是菩薩行雖觀十
二緣起而入諸邪見是菩薩行雖攝一切衆
生而不愛著是菩薩行雖樂遠離而不依身
心盡是菩薩行雖行三界而不壞法性是菩
薩行雖行於空而殖衆德本是菩薩行雖行
无相而度衆生是菩薩行雖行无作而現受
身是菩薩行雖行无起而起諸善法是菩薩
行雖行六波羅蜜而遍知衆生心心數法是
菩薩行雖行六通而不盡漏是菩薩行雖行

四无量心而不貪著生於梵世是菩薩行雖
行禪定解脫三昧而不隨禪生是菩薩行雖
行四念處而不永離身受心法是菩薩行雖
行四正勤而不捨身心精進是菩薩行雖行
四如意足而得自在神通是菩薩行雖行五
根而分別衆生諸根利鈍是菩薩行雖行五
力而樂求佛十力是菩薩行雖行七覺分而
分別佛之智慧是菩薩行雖行八正道而樂
行无量佛道是菩薩行雖行止觀助道之法
而不畢竟墮於寂滅是菩薩行雖行諸法不
生不滅而以相好莊嚴其身是菩薩行雖現
聲聞辟支佛威儀而不捨佛法是菩薩行雖
隨諸法究竟淨相而隨所應爲現其身是菩
薩行雖觀諸佛國土永寂如空而現種種清

隨諸法究竟淨相而隨所應爲現其身是菩
薩行雖觀諸佛國土永寂如空而現種種清
淨佛土是菩薩行雖得佛道轉于法輪入於
涅槃而不捨於菩薩之道是菩薩行說是語
時文殊師利所將大衆其中八千天子皆發
阿耨多羅三藐三菩提心

維摩詰不思議品第六

尒時舍利弗見此室中无有牀坐作是念斯
諸菩薩大弟子衆當於何坐長者維摩詰知
其意語舍利弗言云何仁者爲法來耶求牀
坐耶舍利弗言我爲法來非爲牀坐維摩詰
言唯舍利弗夫求法者不貪軀命何況牀坐
夫求法者非有色受想行識之求非有界入
之求非有欲色无色之求唯舍利弗夫求法

者不着佛求不着法求不着衆求夫求法者
无見苦求无斷集求无造盡證修道之求所
以者何法无戲論若言我當見苦斷集證
修道是則戲論非求法也唯舍利弗法名寂
滅若行生滅是求生滅非求法也法名无染
若染於法乃至涅槃是則染着非求法也法
无行處若行於法是則行處非求法也法无
取捨若取捨法是則取捨非求法也法无處
所若着處所是則着處非求法也法名无相
若隨相識是則求相非求法也法不可住若
住於法是則住法非求法也法不可見聞覺
知若行見聞覺知是則見聞覺知非求法也
法名无爲若行有爲是求有爲非求法也是
故舍利弗若求法者於一切法應无所求說

故舍利弗若求法者於一切法應无所求說
是語時五百天子於諸法中得法眼淨
尒時長者維摩詰問文殊師利仁者遊於无
量千萬億阿僧祇國何等佛土有好上妙功
德成就師子之座文殊師利言居士東方度三十
六恒河沙國有世界名須彌相其佛号須彌燈
王今現在彼佛身長八萬四千由旬其師子座
高八万四千由旬嚴飾第一於是長者維摩詰
現神通力即時彼佛遣三万二千師子座高廣
嚴淨來入維摩詰室諸菩薩大弟子釋梵四天
王等昔所未見其室廣博悉皆包容三万二千師
子座无所妨礙於毗耶離城及閻浮提四天下亦不
迫迮悉見如故尒時維摩詰語文殊師利就師
子座與諸菩薩上人俱坐當自立身如彼坐像

其得神通菩薩即自變形為四万二千由旬坐師
子座諸新發意菩薩及大弟子皆不能昇尒時
維摩詰語舍利弗就師子坐舍利弗言居士此
座高廣吾不能昇維摩詰言唯舍利弗為須
弥燈王如來作礼乃可得坐於是新發意菩
薩及大弟子即為須弥燈王如來作礼便得
坐師子座舍利弗言居士未曾有也如是小
室乃容受此高廣之座於毗耶離城无所妨
㝵又於閻浮提聚落城邑及四天下諸天龍
王鬼神宮殿亦不迫迮維摩詰言唯舍利弗
諸佛菩薩有解脫名不可思議若菩薩住是
解脫者以須弥之高廣内芥子中无所增減
須弥山王本相如故而四天王忉利諸天不
覺不知己之所入唯應度者乃見須弥入芥

覺不知已之所入唯應度者乃見須弥入芥
子中是名住不可思議解脫法門又以四大海
水入一毛孔不嬈魚鼈黿鼉水性之屬而彼
大海本相如故諸龍鬼神阿修羅等不覺不
知已之所入於此衆生亦无所嬈又舍利弗
住不可思議解脫菩薩斷取三千大千世界
如陶家輪著右掌中擲過恒河沙世界之外
其中衆生不覺不知已之所往又復還置本
處都不使人有往來想而此世界本相如故
又舍利弗或有衆生樂久住世而可度者菩
薩即演七日以為一劫令彼衆生謂之一劫
或有衆生不樂久住而可度者菩薩即促一
劫以為七日令彼衆生謂之七日又舍利弗
住不可思議解脫菩薩以一切佛土嚴飾之

事集在一國示於衆生又菩薩以一佛土衆
生置之右掌飛到十方遍示一切而不動本
處又舍利弗十方衆生供養諸佛之具菩薩
於一毛孔皆令得見又十方國土所有日月
星宿於一毛孔普使見之又舍利弗十方世界
所有諸風菩薩悉能吸著口中而身无損外
諸樹木亦不摧折又十方世界劫盡燒時以
一切火內於腹中火事如故而不為害又於
下方過恒河沙等諸佛世界取一佛土舉著
上方過恒河沙无數世界如持針鋒舉一棗
葉而无所嬈又舍利弗住不可思議解脫菩
薩能以神通現作佛身或現辟支佛身或
現聲聞身或現帝釋身或現梵王身或現世
主身或現轉輪王身又十方世界所有衆聲

主身或現轉輪王身又十方世界所有衆聲
上中下音皆能變之令作佛聲演出无常苦
空无我之音及十方諸佛所說種種之法皆
於其中普令得聞舍利弗我今略說菩薩不
可思議解脫之力若廣說者窮劫不盡是
時大迦葉聞說菩薩不可思議解脫法門歎未
曾有謂舍利弗譬如有人於盲者前現衆色
像非彼所見一切聲聞聞是不可思議解脫法
門不能解了爲若此也智者聞是其誰不發
阿耨多羅三藐三菩提心我等何爲永絕其
根於此大乘猶如敗種一切聲聞聞是不可
思議解脫法門皆應號泣聲震三千大千世
界一切菩薩應大欣慶頂受此法若有菩薩
信解不可思議解脫法門者一切魔衆无如

之何大迦葉説是語時二萬二千天子皆發
阿耨多羅三藐三菩提心尒時維摩詰語大
迦葉仁者十方无量阿僧祇世界中作魔王
者多是住不可思議解脫菩薩以方便力教
化衆生現作魔王又迦葉十方无量菩薩或
有人從乞手足耳鼻頭目髓腦血肉皮骨聚
落城邑妻子奴婢象馬車乘金銀琉璃車渠
馬瑙珊瑚琥珀真珠珂貝衣服飲食如此乞
者多是住不可思議解脫菩薩以方便力而
往試之令其堅固所以者何住不可思議解
脫菩薩有威德力故行逼迫示諸衆生如是
難事凡夫下劣无有力勢不能如是逼迫菩
薩譬如龍象蹴踏非驢所堪是名住不可思
議解脫菩薩智慧方便之門

議解脫菩薩智慧方便之門

維摩詰觀衆生品第七

尒時文殊師利問維摩詰言菩薩云何觀於
衆生維摩詰言譬如幻師見所幻人菩薩觀
衆生為若此如智者見水中月如鏡中見其
面像如熱時燄如呼聲嚮如空中雲如水聚
沫如水上泡如芭蕉堅如電久住如第五大
如第六陰如第七情如十三入如十九界菩薩
觀衆生為若此如无色界色如燋穀牙如
須陁洹身見如阿那含入胎如阿羅漢三毒如
得忍菩薩貪恚毀禁如佛煩惱習如盲者
見色如入滅盡定出入息如空中鳥跡如石
女兒如化人煩惱如夢所見已寤如滅度者
受身如无煙之火菩薩觀衆生為若此

文殊師利言若菩薩作是觀者云何行慈維
摩詰言菩薩作是觀已自念我當爲衆生
說如斯法是則真實慈也行寂滅慈无所生故
行不熱慈无煩惱故行等之慈等三世故行
无諍慈无所起故行不二慈内外不合故行
不壞慈畢竟盡故行堅固慈心无毀故行清
淨慈諸法性淨故行无邊慈如虚空故行阿
羅漢慈破結賊故行菩薩慈安衆生故行
如來慈得如相故行佛之慈覺衆生故行自
然慈无因得故行菩提慈等一味故行无等慈
斷諸愛故行大悲慈導以大乘故行无猒慈
觀空无我故行法施慈无遺惜故行持戒慈
化毀禁故行忍辱慈護彼我故行精進慈荷
負衆生故行禪定慈不受味故行智慧慈无不

負衆生故行禪定慈不受味故行智慧慈无不
知時故行方便慈一切示現故行无隱慈直
心清淨故行深心慈无雜行故行无誑慈不
虛假故行安樂慈令得佛樂故菩薩之慈
為若此也
文殊師利又問何謂為悲荅曰菩薩所作功
德皆與一切衆生共之何謂為喜荅曰有所
饒益歡喜无悔何謂為捨荅曰所作福祐无
所悕望文殊師利又問生死有畏菩薩當何
所依維摩詰言菩薩於生死畏中當依如來
功德之力文殊師利又問菩薩欲依如來功
德之力當依何住荅曰菩薩欲依如來功德
之力者當住度脫一切衆生又問欲度衆生當
何所除荅曰欲度衆生除其煩惱又問欲除

煩惱當何所行答曰當行正念又問云何行
於正念答曰當行不生不滅又問何法不生
何法不滅答曰不善不生善法不滅又問善
不善孰為本答曰身為本又問身孰為本答
曰貪欲為本又問貪欲孰為本答曰虛妄分
別為本又問虛妄分別孰為本答曰顛倒想
為本又問顛倒想孰為本答曰无住為本又
問无住孰為本答曰无住則无本文殊師利
從无住本立一切法
時維摩詰室有一天女見諸大人聞所說法
便現其身即以天華散諸菩薩大弟子上華
至諸菩薩即皆墮落至大弟子便著不墮一
切弟子神力去華不能令去尒時天問舍利
弗何故去華答曰此華不如法是以去之天

弗何故去華答曰此華不如法是以去之天
曰勿謂此華為不如法所以者何是華无所
分別仁者自生分別想耳若於佛法出家有
所分別為不如法若无分別是則如法觀諸
菩薩華不著者以斷一切分別想故辟如人
畏時非人得其便如是弟子畏生死故色聲
香味觸得其便已離畏者一切五欲无能為
也結習未盡華著身耳結習盡者華不著
也舍利弗言天止此室其已久如答曰我止此
室如耆年解脫舍利弗言止此久也天曰耆年
解脫亦何如久舍利弗嘿然不答天曰如何
耆舊大智如嘿答曰解脫者无所言說故
吾於是不知所去天曰言說文字皆解脫相
所以者何解脫者不內不外不在兩間文字

亦不内不外不在兩間是故舍利弗无離文
字説解脫也所以者何一切諸法是解脫相
舍利弗言不復以離婬怒癡為解脫乎天曰
佛為增上慢人説離婬怒癡為解脫耳若无
增上慢者佛説婬怒癡性即是解脫舍利弗
言善哉善哉天女法何所得以何為證辯乃
如是天曰我无得无證故辯如是所以者何
若有得有證者則於佛法為增上慢
舍利弗問天汝於三乘為何志求天曰以聲
聞法化衆生故我為聲聞以因緣法化衆生
故我為辟支佛以大悲化衆生故我為大乘
舍利弗如人入瞻蔔林唯嗅瞻蔔不嗅餘香
如是若入此室但聞佛功德之香不樂聲聞
辟支佛功德香也舍利弗其釋梵四天王諸

辟支佛功德香也舍利弗其有釋梵四天王諸
天龍鬼神等入此室者聞斯上人講說正法
皆樂佛功德之香發心而出舍利弗吾止此
室十有二年初不聞說聲聞辟支佛法但聞
菩薩大慈大悲不可思議諸佛之法舍利弗
此室常現八未曾有難得之法何等為八此
室常以金色光照晝夜无異不以日月所照
為明是為一未曾有難得之法此室入者不
為諸垢之所惱也是為二未曾有難得之
法此室常有釋梵四天王他方菩薩來會不
絕是為三未曾有難得之法此室常說六波
羅蜜不退轉法是為四未曾有難得之法此
室常作天人第一之樂絃出无量法化之聲
是為五未曾有難得之法此室有四大藏眾

寶積滿周窮濟之求得无盡是爲六未曾有
難得之法此室釋迦牟尼佛阿弥陁佛阿閦
佛寶德寶炎寶月寶嚴難勝師子響一切利
成如是等十方无量諸佛是上人念時即皆
爲來廣說諸佛祕要法藏說已還去是爲七
未曾有難得之法此室一切諸天嚴飾宮殿
諸佛淨土皆於中現是爲八未曾有難得之
法舍利弗此室常現八未曾有難得之法誰
有見斯不思議事而復樂於聲聞法乎
舍利弗言汝何以不轉女身天曰我從十二年
來求女人相了不可得當何所轉譬如幻師
化作幻女若有人問何以不轉女身是人
爲正問不舍利弗言不也幻无定相當何所
轉天曰一切諸法亦復如是无有定相云何

轉天曰一切諸法亦復如是无有定相云何
乃問不轉女身即時天女以神通力變舍利
弗令如天女天自化身如舍利弗而問言何
以不轉女身舍利弗以天女像而荅言我今
不知何轉而變為女身天曰舍利弗若能轉
此女身則一切女人亦當能轉如舍利弗非
女而現女身一切女人亦復如是雖現女身
而非女也是故佛說一切諸法非男非女即
時天女還攝神力舍利弗身還復如故天問
舍利弗女身色相今何所在舍利弗言女身
色相无在无不在天曰一切諸法亦復如是
无在无不在夫无在无不在者佛所說也舍
利弗問天曰汝於此沒當生何所天曰佛化所
生吾如彼生曰佛化所生非沒生也天曰衆

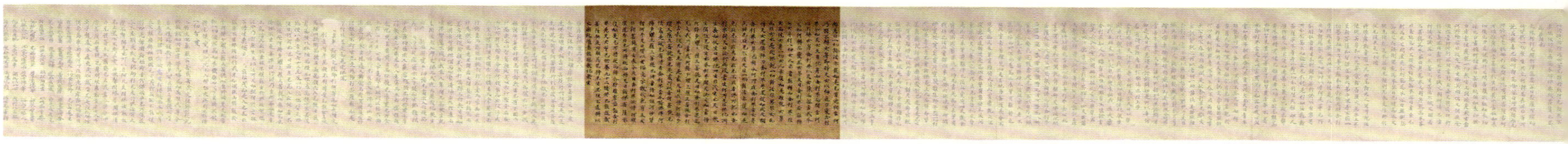

生猶然无没生也舍利弗問天汝久如當得
阿耨多羅三藐三菩提天曰如舍利弗還爲
凡夫我乃當成阿耨多羅三藐三菩提舍利
弗言我作凡夫无有是處天曰我得阿耨多
羅三藐三菩提亦无是處所以者何菩提无
住處是故无有得者舍利弗言今諸佛得阿
耨多羅三藐三菩提已得當得如恒河沙皆
謂何乎天曰皆以世俗文字數故說有三世
非謂菩提有去來今天曰舍利弗汝得阿羅
漢道耶曰无所得故而得天曰諸佛菩薩亦
復如是无所得故而得尒時維摩詰語舍利
弗是天女曾已供養九十二億佛已能遊戲
菩薩神通所願具足得无生忍住不退轉以
本願故隨意能現教化衆生

本願故隨意能現教化衆生
維摩詰佛道品第八
尒時文殊師利問維摩詰言菩薩云何通
達佛道維摩詰言若菩薩行於非道是為通
達佛道文殊問云何菩薩行於非道答曰若菩薩
行五无間而无惱恚至于地獄无諸罪垢至
于畜生无有无明憍慢等過至于餓鬼而具
足功德行色无色界道不以為勝示行貪欲
離諸染著示行瞋恚於諸衆生无有恚閡示
行愚癡而以智慧調伏其心示行慳貪而捨
內外所有不惜身命示行毀禁而安住淨戒
乃至小罪猶懷大懼示行瞋恚而常慈忍示
行懈怠而勤修功德示行亂意而常念定示
行愚癡而通達世間出世間慧示行諂偽而

善方便隨諸經義示行憍慢而於衆生猶如
橋梁示行諸煩惱而心常清淨示入於魔而
順佛智慧不隨他教示入聲聞而為衆生說
未聞法示入辟支佛而成就大悲教化衆生
示入貧窮而有寶手功德无盡示入形殘而
具諸相好以自莊嚴示入下賤而生佛種性
中具諸功德示入羸劣醜陋而得那羅延身
一切衆生之所樂見示入老病而永斷病根超
越死畏示有資生而恒觀无常實无所貪
示有妻妾婇女而常遠離五欲淤泥現於訥
鈍而成就辯才總持无失示入邪濟而以正
濟度諸衆生現遍入諸道而斷其因緣現於
涅槃而不斷生死文殊師利菩薩能如是
行於非道是為通達佛道

行於非道是爲通達佛道
□□維摩詰問文殊師利何等爲如來種文
□□利言有身爲種无明有愛爲種貪恚癡
爲種四顛倒爲種五蓋爲種六入爲種七識
處爲種八邪法爲種九惱處爲種十不善道
爲種以要言之六十二見及一切煩惱皆是佛
種曰何謂也答曰若見无爲入正位者不
能復發阿耨多羅三藐三菩提心譬如高原
陸地不生蓮華卑濕汙泥乃生此華如是見
无爲法入正位者終不復能生於佛法煩惱
泥中乃有衆生起佛法耳又如殖種於空終
不得生糞壤之　乃能滋茂如是入无爲正
位者不生佛法起於我見如須弥山猶能發
于阿耨多羅三藐三菩提心生佛法矣是故當

知一切煩惱為如來種譬如不下巨海不能
得无價寶珠如是不入煩惱大海則不能得
一切智寶
尒時大迦葉歎言善哉善哉文殊師利快說
此語誠如所言塵勞之疇為如來種我等今
者不復堪任發阿耨多羅三藐三菩提心乃
至五无間罪猶能發意生於佛法而今我等
永不能發譬如根敗之士其於五欲不能復
利如是聲聞諸結斷者於佛法中无所復益
永不志願是故文殊師利凡夫於佛法有反
覆而聲聞无也所以者何凡夫聞佛法能起
无上道心不斷三寶正使聲聞終身聞佛法
力无畏等永不能發无上道意尒時會中
有菩薩名普現色身問維摩詰言居士父母

有菩薩名普現色身問維摩詰言居士父母
妻子親戚眷屬吏民知識悉為是誰奴婢僮
僕象馬車乘皆何所在於是維摩詰以偈答曰
智度菩薩母　方便以為父　一切眾導師　无不由是生
法喜以為妻　慈悲心為女　善心誠實男　畢竟空寂舍
弟子眾塵勞　隨意之所轉　道品善知識　由是成正覺
諸度法等侶　四攝為伎女　歌詠誦法言　以此為音樂
總持之園苑　无漏法林樹　覺意淨妙華　解脫智慧果
八解之浴池　定水湛然滿　布以七淨華　浴此无垢人
象馬五通馳　大乘以為車　調御以一心　遊於八正路
相具以嚴容　眾好飾其姿　慚愧之上服　深心為華鬘
富有七財寶　教授以滋息　如所說修行　迴向為大利
四禪為牀坐　從於淨命生　多聞增智慧　以為自覺音
甘露法之食　解脫味為漿　淨心以澡浴　戒品為塗香

摧滅煩惱賊　勇健无能踰　降伏四種魔　勝幡建道場
雖知无起滅　示彼故有生　悉現諸國土　如日无不現
供養於十方　无量億如來　諸佛及己身　无有分別想
雖知諸佛國　及與衆生空　而常修淨土　教化於群生
諸有衆生類　形聲及威儀　无畏力菩薩　一時能盡現
覺知衆魔事　而示隨其行　以善方便智　隨意皆能現
或示老病死　成就諸群生　了知如幻化　通達无有閡
或現劫燒盡　天地比洞然　衆人有常想　照令知无常
无數億衆生　俱來請菩薩　一時到其舍　化令向佛道
經書禁呪術　工巧諸伎藝　盡現行此事　饒益諸群生
世間衆道法　悉於中出家　因以解人惑　而不墮邪見
或作日月天　梵王世界主　或時作地水　或復作風火
劫中有疾疫　現作諸藥草　若有服之者　除疾消衆毒
劫中有飢饉　現身作飲食　先救彼飢渴　卻以法語人

劫中有飢饉　現身作飲食　先救彼飢渴　却以法語人
劫中有刀兵　為之起慈悲　化彼諸衆生　令住无諍地
若有大戰陣　立之以等力　菩薩現威勢　降伏使和安
一切國土中　諸有地獄處　輒往到于彼　勉濟其苦惱
一切國土中　畜生相食噉　皆現生於彼　為之作利益
示受於五欲　亦復現行禪　令魔心憒亂　不能得其便
火中生蓮華　是可謂希有　在欲而行禪　希有亦如是
或現作婬女　引諸好色者　先以欲鈎牽　後令入佛智
或為邑中主　或作高人道　國師及大臣　以祐利衆生
諸有貧窮者　現作无盡藏　因以勸導之　令發菩提心
我心憍慢者　為現大力士　消伏諸貢高　令住佛上道
其有恐懼衆　居前而慰安　先施以无畏　後令發道心
或現離婬欲　為五通仙人　開導諸群生　令住戒忍慈
見須供事者　為現作僮僕　既悅可其意　乃發以道心

隨彼之所須　得入於佛道　以善方便力　皆能給足之
如是道无量　所行无有崖　智慧无邊際　度脫无數衆
假令一切佛　於无數億劫　讚嘆其功德　猶尚不能盡
誰聞如此法　不發菩提心　除彼不肖人　癡冥无智者

維摩詰入不二法門品第九

尒時維摩詰謂衆菩薩言諸仁者云何菩薩
入不二法門各隨所樂說之會中有菩薩名
法自在說言諸仁者生滅為二法本不生今
則无滅得此无生法忍是為入不二法門
德首菩薩曰我我所為二因有我故便有我
所若无有我則无我所是為入不二法門
不眴菩薩曰受不受為二若法不受則不可
得以不可得故无取无捨无作无行是為
入不二法門

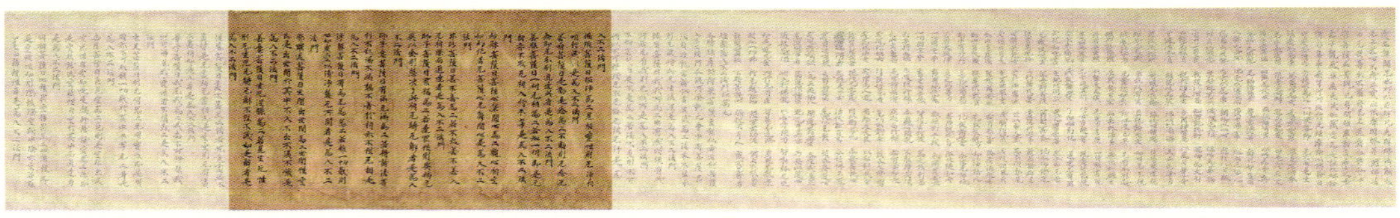

入不二法門
德頂菩薩曰垢淨爲二見垢實性則无淨相
順於滅相是爲入不二法門
善宿菩薩曰是動是念爲二不動則无念无
念即无分別通達此者是爲入不二法門
善眼菩薩曰一相无相爲二若知一相即是无
相亦不取无相入於平等是爲入不二法
門
妙臂菩薩曰菩薩心聲聞心爲二觀心相空
如幻化者无菩薩心无聲聞心是爲入不二
法門
弗沙菩薩曰善不善爲二若不起善不善入
无相際而通達者是爲入不二法門
師子菩薩曰罪福爲二若達罪性則與福无

異以金剛慧決了此相无縛无解者是爲入
不二法門
師子意菩薩曰有漏无漏爲二若得諸法等
則不起漏不漏想不著於相亦不住无相是
爲入不二法門
淨解菩薩曰有爲无爲爲二若離一切數則
心如虛空以清淨慧无所閡者是爲入不二
法門
那羅延菩薩曰世閒出世閒爲二世閒性空
即是出世閒於其中不入不出不溢不散是
爲入不二法門
善意菩薩曰生死涅槃爲二若見生死性
則无生死无縛无解不然不滅如是解者是
爲入不二法門

爲入不二法門
現見菩薩曰盡不盡爲二法若究竟盡若不
盡皆是无盡相无盡相即是空空則无有盡
不盡相如是入者是爲入不二法門
普守菩薩曰我无我爲二我尚不可得非我
何可得見我實性者不復起二是爲入不二
法門
電天菩薩曰明无明爲二无明實性即是明
明亦不可取離一切數於其中平等无二者是
爲入不二法門
喜見菩薩曰色色空爲二色則是空非色滅
空色性自空如是受想行識識空爲二識即
是空非識滅空識性自空於其中而通達者
是爲入不二法門

明相菩薩曰四種異空種異為二四種性即
是空種性如前際後際空故中際亦空若能
如是知諸種性者是為入不二法門

BD00447　大方廣華嚴十惡品經

149cm × 26.7cm

大方廣華嚴十惡經
大覺世尊將欲涅槃
爲諸衆生除諸病苦
切衆生在於世界分
生樂爲苦佛告迦葉
法要何以故譬如有
礙心念大乘常不放以
空山迥野有恐懼之心心人
譬如有人繫在獄中枷杻著身
不放捨譬如有人貧窮衣不蓋形食不充口
心念大乘常不放捨如是之人是真菩薩則
非凡夫諸善男子譬如國王統領國事多饒

金銀真珠摩尼車渠馬瑙珊瑚虎珀琉璃寶瓔
珞不念大乘死入地獄辟如凡夫在於世界多
饒奴婢象馬牛羊絹帛疋布大小穀豆皆以
具足之不念大乘死入地獄是故今日生苦為
衆生樂為苦
迦葉菩薩白佛言世尊實如聖教實如聖
教迦葉菩薩白佛言世尊何者為善佛告迦
葉一切衆生若脩善根一者不害衆生二者
不行放逸三者不飲酒四者不食肉五者常
行大慈如是之人不斷善根迦葉菩薩白佛
言世尊如佛所說受佛教者不聽飲酒佛告
迦葉善哉善哉汝解我意一切衆生不飲酒
者是我真子則非凡夫善男子飲酒者或
君不識臣或臣不識君或子不識父或父不識

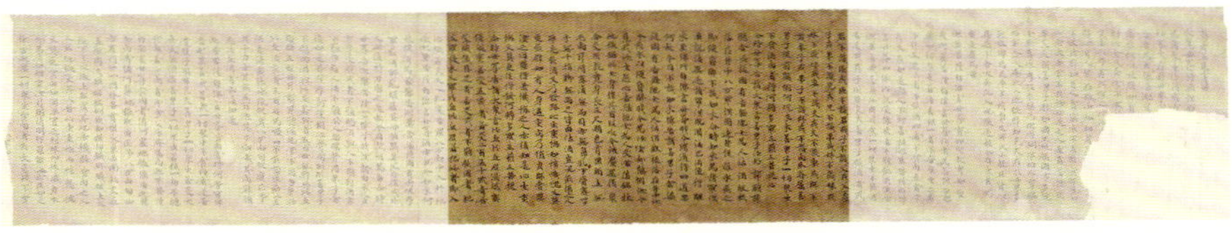

君不識臣或臣不識君或子不識父或父不識
子或弟不識兄或兄不識弟或姊不識妹或
妹不識姊或妻不識夫或夫不識妻或師不
識弟子或弟子不識師或不識內外眷屬善
男子現前顛倒何況未来善男子一切衆生
不食酒肉者得阿耨多羅三藐三菩提心
尒時世尊告諸大衆言善男子汝好諦聽諦
聽舍婆提國有吉縣陁女為人沽酒釵抓
落在井中八万羅漢圍遶井住汲水飲之
即便昏醉不識如来尒時如来為諸羅漢
演說法要是諸羅漢既聞法已酒便得醒
未至佛所白佛言世尊我今脩道得四道果
何故今日不識如来佛告諸善男子舍婆
提國有吉縣陁女為人沽酒釵抓落在井中汝

令飲水以便飲醉我今為汝除却顛倒汝今
見我汝生惡心吉縣陁女為人受苦菌鋸林
地獄鋸此女身作其百段吹令微塵還復聚
合受形訖竟身長三尺顏色青黑頭上無
毛兩耳閉塞復無兩目亦無鼻孔下脣塞哆
手無十指脚無兩足皆由沽酒豈況飲酒之人
雖先飲酒又乃發路心生重悔如懷慚愧又莫
更飲譬如有人身遇重病乃值良師賣藥
塗之曰藥得差慚悔之人亦復如是心生重
悔又莫更作得發阿耨多羅三藐三菩提
尒時世尊告諸大衆言比丘比丘尼優婆塞
優婆夷若受五戒者若受二百五十戒者若
受威儀具足者若受戒者不聽飲酒者犯
波羅提木叉羅比丘比丘尼若犯此者即入

受戒儀具足者若受戒者不聽飲酒者猶
波羅提木叉羅比丘比丘尼若犯此者即入
地獄若凡夫人犯突吉羅八万劫中入於地
獄迦葉菩薩白佛言世尊酒亦無命如來何
故試酒為苦佛告迦葉舍婆提國有央崛摩
羅飲酒醉亂婬匿其母殺煞其父母復與外
人共通持刀害之是故今日試酒為苦尒時
世尊告迦葉菩薩言佛子我試諸白衣及出
家等受我戒者不聽酤酒與人不聽到酒家
不聽強勸人酒不聽共人麴醸聲聞弟子亦
復如是菩薩摩訶薩制心聲聞制形善男子
不聽酤酒與比丘若與者五百世無辟共比丘
麴醸五百世耳聾耳聽隔絶常不聞勿聲語
比丘酒家者五百世為啞口不能語強勸比丘

酒者墮截膝地獄縱廣八万由旬縱廣正等
其中力士其數五百造其刀劍截其兩膝殘
勸比丘酒者亦復如是
迦葉菩薩白佛言世尊食肉者得何等罪佛
告迦葉善哉善哉一切衆生不食肉者是吾
遺體子則非凡夫善男子一切衆生若受大
乘大般涅槃善男子一切衆生若住一劫不聽
食肉若食肉者即食父母眷屬肉迦葉菩薩
白佛言世尊食肉者墮何處地獄佛告迦葉
食肉者墮阿鼻地獄縱廣正等八万由旬四
方有門一一門外各有猛火東西南北交過
通徹周迊鐵墻鐵網鐵枷鐵杻鐵銜鐵械上火
徹下下火徹上弥覆其地赤鐵駝食肉之人
入其地獄受其大苦心生重悔向懷慙愧

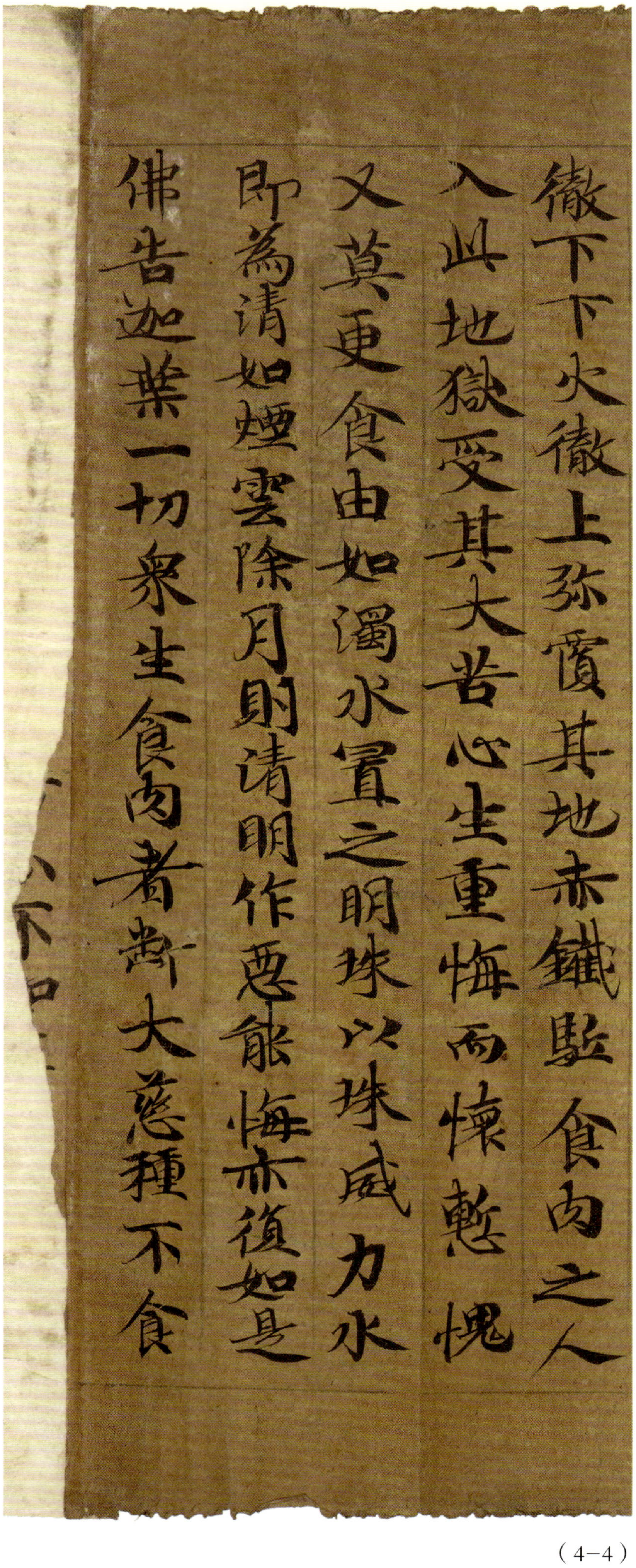

徹下下火徹上弥覆其地赤鐵駈食肉之人
入此地獄受其大苦心生重悔而懷慙愧
又莫更食由如濁水置之明珠以珠威力水
即爲清如煙雲除月明清明作惡能悔亦復如是
佛告迦葉一切衆生食肉者斷大慈種不食

BD00448 妙法蓮華經（八卷本）卷五

（後秦）鳩摩羅什 譯

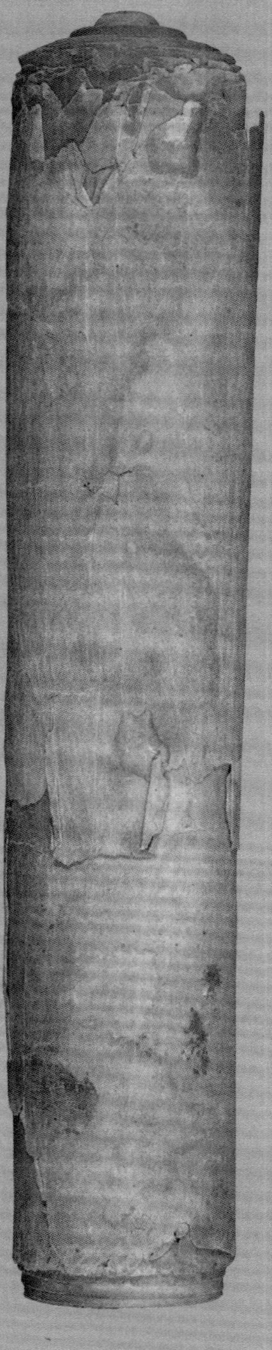

917cm × 26cm

來白王言我有大
當為宣說王聞仙言歡喜
給所須採菓汲水拾薪設食
牀座身心無倦于時奉事經於
故精勤給侍令無所乏尒時世
義而說偈言
念過去劫　為求大法故　雖作世國
搥鍾告四方　誰有大法者　若為我解
時有阿私仙　來白於大王　我有微
若能修行者　吾當為汝說　時王聞
即便隨仙人　供給於所須　採薪及菓蓏　隨時恭敬與
情存妙法故　身心無懈惓　普為諸衆生　勤求於大法
亦不為己身　及以五欲樂　故為大國王　勤求獲此法
遂致得成佛　今故為汝說

佛告諸比丘尒時王者則我身是時仙人者
今提婆達多是由提婆達多善知識故令我
具足六波羅蜜慈悲喜捨三十二相八十種
好紫磨金色十力四無所畏四攝法十八不
共神通道力成等正覺廣度衆生皆因提婆
達多善知識故告諸四衆提婆達多却後過
無量劫當得成佛号曰天王如來應供正遍
知明行足善逝世間解無上士調御丈夫天
人師佛世尊世界名天道時天王佛住世二
十中劫廣爲衆生說於妙法恒河沙衆生得
阿羅漢果無量衆生發緣覺心恒河沙衆生
發無上道心得無生法忍至不退轉時天王
佛般涅槃後正法住世二十中劫全身舍利
起七寶塔高六十由旬縱廣四十由旬諸天

起七寶塔高六十由旬縱廣四十由旬諸天
人民悉以新華末香燒香塗香衣服瓔珞幢
幡寶蓋伎樂歌頌礼拜供養七寶妙塔無量
衆生得阿羅漢果無量衆生悟辟支佛不可
思議衆生發菩提心至不退轉佛告諸比丘未
來世中若有善男子善女人聞妙法華經提
婆達多品淨心信敬不生疑惑者不墮地獄
餓鬼畜生生十方佛前所生之處常聞此經
若生人天中受勝妙樂若在佛前蓮華化生
於時下方多寶世尊所從菩薩名曰智積白
多寶佛當還本土釋迦牟尼佛告智積曰善
男子且待須臾此有菩薩名文殊師利可與
相見論說妙法可還本土尒時文殊師利坐
千葉蓮華大如車輪俱來菩薩亦坐寶華從

於大海娑竭羅龍宮自然踊出住虛空中詣
靈鷲山從蓮華下至於佛所頭面敬礼二世尊
足脩敬已畢往智積所共相慰問却坐一面
智積菩薩問文殊師利仁往龍宮所化衆生
其數幾何文殊師利言其數無量不可稱計
非口所宣非心所測且待須臾自當有證所
言未竟無數菩薩坐寶蓮華從海踊出詣靈
鷲山住在虛空此諸菩薩皆是文殊師利之
所化度具菩薩行皆共論說六波羅蜜本聲
聞人在虛空中說聲聞行今皆脩行大乘空
義文殊師利謂智積曰於海教化其事如是
尒時智積菩薩以偈讚曰
大智德勇健　化度無量衆　今此諸大會　及我皆已見
演暢實相義　開闡一乘法　廣度諸群生　令速成菩提
文殊師利言我於海中唯常宣說妙法華

大智德勇健　化度無量衆　今此諸大會　及我皆已見
演暢實相義　開闡一乘法　廣度諸群生　令速成菩提
文殊師利言我於海中唯常宣說妙法華經
智積問文殊師利言此經甚深微妙諸經中
寶世所希有頗有衆生勤加精進修行此經
速得佛不文殊師利言有娑竭羅龍王女年
始八歲智慧利根善知衆生諸根行業得陀
羅尼諸佛所說甚深秘藏悉能受持深入禪
定了達諸法於剎那頃發菩提心得不退轉
辯才無礙慈念衆生猶如赤子功德具足心
念口演微妙廣大慈悲仁讓志意和雅能至
菩提智積菩薩言我見釋迦如來於無量劫
難行苦行積功累德求菩薩道未曾止息觀
三千大千世界乃至無有如芥子許無非菩
薩捨身命處為衆生故然後乃得成菩提道

不信此女於須臾頃便成正覺言論未訖時
龍王女忽現於前頭面礼敬却住一面以偈
讃曰
深達罪福相　遍照於十方　微妙淨法身　具相三十二
以八十種好　用莊嚴法身　天人所戴仰　龍神咸恭敬
一切衆生類　無不宗奉者　又聞成菩提　唯佛當證知
我闡大乘教　度脫苦衆生
時舍利弗語龍女言汝謂不久得無上道是
事難信所以者何女身垢穢非是法器云何
能得無上菩提佛道懸曠經無量劫勤苦積
行具修諸度然後乃成又女人身猶有五障
一者不得作梵天王二者帝釋三者魔王四者
轉輪聖王五者佛身云何女身速得成佛
尒時龍女有一寶珠價直三千大千世界持
以上佛佛即受之龍女謂智積菩薩尊者舍

轉輪聖王五者佛身云何女身速得成佛
尒時龍女有一寶珠價直三千大千世界持
以上佛佛即受之龍女謂智積菩薩尊者舍
利弗言我獻此寶珠世尊納受是事疾不答
言甚疾女言以汝神力觀我成佛復速於此
當時衆會皆見龍女忽然之間變成男子具
菩薩行即往南方無垢世界坐寶蓮華成等
正覺三十二相八十種好普為十方一切衆
生演說妙法尒時娑婆世界菩薩聲聞天龍
八部人與非人皆遥見彼龍女成佛普為時
會人天說法心大歡喜悉遥敬礼無量衆生
聞法解悟得不退轉無量衆生得受道記無
垢世界六反震動娑婆世界三千衆生住不
退地三千衆生發菩提心而得受記智積菩
薩及舍利弗一切衆會默然信受

妙法蓮華經勸持品第十三
尒時藥王菩薩摩訶薩及大樂說菩薩摩訶
薩與二萬菩薩眷屬俱皆於佛前作是誓言
惟願世尊不以為慮我等於佛滅後當奉持
讀誦說此經典後惡世衆生善根轉少多增
上慢貪利供養增不善根遠離解脫雖難可
教化我等當起大忍力讀誦此經持說書寫
種種供養不惜身命尒時衆中五百阿羅漢
得受記者白佛言世尊我等亦自誓願於異
國土廣說此經復有學無學八千人得受記
者從座而起合掌向佛作是誓言世尊我等
亦當於他國土廣說此經所以者何是娑婆
國中人多弊惡懷增上慢功德淺薄瞋濁諂
曲心不實故尒時佛姨母摩訶波闍波提比
丘尼與學無學比丘尼六千人俱從座而起

曲心不實故尒時佛姨母摩訶波闍波提比
丘尼與學無學比丘尼六千人俱從座而起
一心合掌瞻仰尊顔目不暫捨於時世尊告
憍曇弥何故憂色而視如來汝心將無謂我
不說汝名得受阿耨多羅三藐三菩提記耶
憍曇弥我先揔說一切聲聞皆已授記今汝
欲知記者將來之世當於六萬八千億諸佛
法中為大法師及六千學無學比丘尼俱為
法師汝如是漸漸具菩薩道當得作佛号一
切衆生憙見如來應供正遍知明行足善逝
世間解無上士調御丈夫天人師佛世尊憍
曇弥是一切衆生憙見佛及六千菩薩轉次
授記得阿耨多羅三藐三菩提尒時羅睺羅
母耶輸陀羅比丘尼作是念世尊於授記中獨
不說我名佛告耶輸陀羅汝於來世百千萬

億諸佛法中脩菩薩行為大法師漸具佛道
於善國中當得作佛号具足千萬光相如來
應供正遍知明行足善逝世間解無上士調
御丈夫天人師佛世尊佛壽無量阿僧祇劫
尒時摩訶波闍波提比丘尼及耶輸陀羅比
丘尼并其眷屬皆大歡喜得未曾有即於佛
前而說偈言
世尊導師　安隱天人　我等聞記　心安具足
諸比丘尼說是偈已白佛言世尊我等亦能
於他方國土廣宣此經尒時世尊視八十萬
億那由他諸菩薩摩訶薩是諸菩薩皆是阿
惟越致轉不退法輪得諸陀羅尼即從座起
至於佛前一心合掌而作是念若世尊告勅
我等持說此經者當如佛教廣宣斯法復作
是念佛今默然不見告勅我當云何時諸菩

至方佛前一心合掌而作是念若世尊告勅
我等持說此經者當如佛教廣宣斯法復作
是念佛今默然不見告勅我當云何時諸菩
薩敬順佛意并欲自滿本願便於佛前作師
子吼而發誓言世尊我等於如來滅後周旋
往反十方世界能令衆生書寫此經受持讀誦
解說其義如法修行正憶念皆是佛之威力
惟願世尊在於他方遙見守護即時諸菩
薩俱同發聲而說偈言
惟願不爲慮　於佛滅度後　恐怖惡世中　我等當廣說
有諸無智人　惡口罵詈等　及加刀杖者　我等皆當忍
惡世中比丘　邪智心諂曲　未得謂爲得　我慢心充滿
或有阿練若　納衣在空閑　自謂行真道　輕賤人間者
貪著利養故　與白衣說法　爲世所恭敬　如六通羅漢
是人懷惡心　常念世俗事　假名阿練若　好出我等過

而作如是言　此諸比丘等　為貪利養故　說外道論議
自作此經典　誑惑世間人　為求名聞故　分別於是經
常在大眾中　欲毀我等故　向國王大臣　婆羅門居士
及餘比丘眾　誹謗說我惡　謂是邪見人　說外道論議
我等敬佛故　悉忍是諸惡　為斯所輕言　汝等皆是佛
如此輕慢言　皆當忍受之　濁劫惡世中　多有諸恐怖
惡鬼入其身　罵詈毀辱我　我等敬信佛　當著忍辱鎧
為說是經故　忍此諸難事　我不愛身命　但惜無上道
我等於來世　護持佛所囑　世尊自當知　濁世惡比丘
不知佛方便　隨宜所說法　惡口而顰蹙　數數見擯出
遠離於塔寺　如是等眾惡　念佛告勅故　皆當忍是事
諸聚落城邑　其有求法者　我皆到其所　說佛所囑法
我是世尊使　處眾無所畏　我當善說法　願佛安隱住
我於世尊前　諸來十方佛　發如是誓言　佛自知我心
妙法蓮華經安樂行品第十四

我於世尊前 諸來十方佛 發如是誓言 佛自知我心

妙法蓮華經安樂行品第十四

尒時文殊師利法王子菩薩摩訶薩白佛言
世尊是諸菩薩甚為難有敬順佛故發大誓
願於後惡世護持讀誦是法華經世尊菩薩
摩訶薩於後惡世云何能說是經佛告文殊
師利若菩薩摩訶薩於後惡世欲說是經當
安住四法一者安住菩薩行處親近處能為
衆生演說是經文殊師利云何名菩薩摩訶
薩行處若菩薩摩訶薩住忍辱地柔和善順
而不卒暴心亦不驚又復於法無所行而觀
諸法如實相亦不行不分別是名菩薩摩訶
薩行處云何名菩薩摩訶薩親近處菩薩
摩訶薩不親近國王王子大臣官長不親近

諸外道梵志尼揵子等及造世俗文筆讚詠
外書及路伽耶陀逆路伽耶陀者亦不親近諸
有凶戲相扠相撲及那羅等種種變現之
戲又不親近旃陀羅及畜猪羊雞狗畋獵漁
捕諸惡律儀如是人等或時來者則為說法
無所悕望又不親近求聲聞比丘比丘尼優
婆塞優婆夷亦不問訊若於房中若經行處
若在講堂中不共住止或時來者隨宜說法
無所希求文殊師利又菩薩摩訶薩不應
於女人身取能生欲想相而為說法亦不樂見若
入他家不與小女處女寡女等共語亦復不近
五種不男之人以為親厚不獨入他家若
有因緣須獨入時但一心念佛若為女人說
法不露齒笑不現胸臆乃至為法猶不親
厚況復餘事不樂畜年少弟子沙彌小兒亦不

入因緣須獨入時但一心念佛若為女人說
法不露齒笑不現匈臆乃至為法猶不親
厚況復餘事不樂畜年少弟子沙弥小兒亦
不樂與同師常好坐禪在於閑處脩攝其心
文殊師利是名初親近處復次菩薩摩訶薩
觀一切法空如實相不顛倒不動不退不轉
如虛空無所有性一切語言道斷不生不出
不起無名無相實無所有無量無邊無礙無
障但以因緣有從顛倒生故說常樂觀如是
法相是名菩薩摩訶薩第二親近處尒時世
尊欲重宣此義而說偈言
若有菩薩　於後惡世　無怖畏心　欲說是經
應入行處　及親近處　常離國王　及國王子
大臣官長　凶險戲者　及旃陀羅　外道梵志
亦不親近　增上慢人　貪著小乘　三藏學者

破戒比丘　名字羅漢　及比丘尼　好戲笑者
深著五欲　求現滅度　諸優婆夷　皆勿親近
若是人等　以好心來　到菩薩所　為聞佛道
菩薩則以　無所畏心　不懷希望　而為說法
寡女處女　及諸不男　皆勿親近　以為親厚
亦莫親近　屠兒魁膾　畋獵漁捕　為利殺害
販肉自活　衒賣女色　如是之人　皆勿親近
凶險相撲　種種嬉戲　諸婬女等　盡勿親近
莫獨屏處　為女說法　若說法時　無得戲笑
入里乞食　將一比丘　若無比丘　一心念佛
是則名為　行處近處　以此二處　能安樂說
又復不行　上中下法　有為無為　實不實法
亦不分別　是男是女　不得諸法　不知不見
是則名為　菩薩行處　一切諸法　空無所有
無有常住　亦無起滅　是名智者　所親近處

是則名爲　菩薩行處　一切諸法　空無所有
無有常住　亦無起滅　是名智者　所親近處
顛倒分別　諸法有無　是實非實　是生非生
在於閑處　修攝其心　安住不動　如須彌山
觀一切法　皆無所有　猶如虛空　無有堅固
不生不出　不動不退　常住一相　是名近處
若有比丘　於我滅後　入是行處　及親近處
說斯經時　無有怯弱　菩薩有時　入於靜室
以正憶念　隨義觀法　從禪定起　爲諸國王
王子臣民　婆羅門等　開化演暢　說斯經典
其心安隱　無有怯弱　文殊師利　是名菩薩
安住初法　能於後世　說法華經
又文殊師利如來滅後於末法中欲說是經
應住安樂行若口宣說若讀經時不樂說人

及經典過亦不輕慢諸餘法師不說他人好
惡長短於聲聞人亦不稱名說其過惡亦不
稱名讚嘆其美又亦不生怨嫌之心善脩如
是安樂心故諸有聽者不逆其意有所難問
不以小乘法荅但以大乘而為解說令得一
切種智尒時世尊欲重宣此義而說偈言

菩薩常樂　安隱說法　於清淨地　而施牀座
以油塗身　澡浴塵穢　著新淨衣　內外俱淨
安處法座　隨問為說　若有比丘　及比丘尼
諸優婆塞　及優婆夷　國王王子　羣臣士民
以微妙義　和顏為說　若有難問　隨義而荅
因緣譬喻　敷演分別　以是方便　皆使發心
漸漸增益　入於佛道　除嬾惰意　及懈怠想
離諸憂惱　慈心說法　晝夜常說　無上道教
以諸因緣　無量譬喻　開示衆生　咸令歡喜

以諸因緣　無量譬喻　開示衆生　咸令歡喜
衣服卧具　餘食醫藥　而於其中　無所希望
但一心念　說法因緣　願成佛道　令衆亦尒
是則大利　安樂供養　我滅度後　若有比丘
能演說斯　妙法華經　心無嫉恚　諸惱障礙
亦無憂愁　及罵詈者　又無怖畏　加刀杖等
亦無擯出　安住忍故　智者如是　善脩其心
能住安樂　如我上說　其人功德　千萬億劫
筭數譬喻　說不能盡
又文殊師利菩薩摩訶薩於後末世法欲滅
時受持讀誦斯經典者無懷嫉妬諂誑之心
亦勿輕罵學佛道者求其長短若比丘比丘
尼優婆塞優婆夷求聲聞者求辟支佛者
求菩薩道者無得惱之令其疑悔語其人言汝

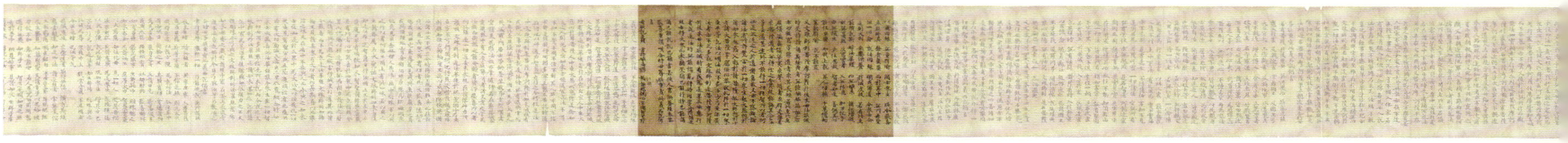

等去道甚遠終不能得一切種智所以者何
汝是放逸之人於道懈怠故又亦不應戲論
諸法有所諍競當於一切衆生起大悲想於
諸如來起慈父想於諸菩薩起大師想於十
方諸大菩薩常應深心恭敬礼拜於一切衆
生平等說法以順法故不多不少乃至深愛
法者亦不為多說　文殊師利是菩薩摩訶薩
於後末世法欲滅時有成就是第三安樂行
者說是法時無能惱亂得好同學共讀誦是
經亦得大衆而來聽受聽已能持持已能誦
誦已能說說已能書若使人書　供養經卷恭
敬尊重讚　歎尒時世尊欲重宣此義而說偈
言
若欲說是經　當捨嫉恚慢　諂誑邪偽心　常脩質直行

若欲說是經　當捨嫉恚慢　諂誑邪偽心　常修質直行
不輕蔑於人　亦不戲論法　不令他疑悔　云汝不得佛
是佛子說法　常柔和能忍　慈悲於一切　不生懈怠心
十方大菩薩　愍眾故行道　應生恭敬心　是則我大師
於諸佛世尊　生無上父想　破於憍慢心　說法無障礙
第三法如是　智者應守護　一心安樂行　無量眾所敬
又文殊師利菩薩摩訶薩於後末世法欲滅
時有持是法華經者於在家出家人中生大
慈心於非菩薩人中生大悲心應作是念如
是之人則為大失如來方便隨宜說法不聞
不知不覺不問不信不解其人雖不問不信
不解是經我得阿耨多羅三藐三菩提時隨
在何地以神通力智慧力引之令得住是法
中文殊師利是菩薩摩訶薩於如來滅後有

成就此第四法者說是法時無有過失常為
比丘比丘尼優婆塞優婆夷國王王子大臣人
民婆羅門居士等供養恭敬尊重讚嘆虛
空諸天為聽法故亦常隨侍若在聚落城邑
空閑林中有人來欲難問者諸天晝夜常為
法故而衛護之能令聽者皆得歡喜所以者
何此經是一切過去未來現在諸佛神力所
護故　文殊師利是法華經於無量國中乃至
名字不可得聞何況得見受持讀誦文殊師
利譬如強力轉輪聖王欲以威勢降伏諸國
而諸小王不順其命時轉輪王起種種兵而往討
伐王見兵衆戰有功者即大歡喜隨功賞
賜或與田宅聚落城邑或與衣服嚴身之具
或與種種珍寶金銀瑠璃車璖馬腦珊瑚虎

或與種種珎寶金銀瑠璃車璖馬腦珊瑚虎
魄象馬車乘奴婢人民唯髻中明珠不以與
之所以者何獨王頂上有此一珠若以與之
王諸眷屬必大驚怪文殊師利如來亦復
如是以禪定智慧力得法國土王於三界而
諸魔王不肯順伏如來賢聖諸將與之共戰
其有功者心亦歡喜於四衆中為說諸經令
其心悅賜以禪定解脫無漏根力諸法之財
又復賜與涅槃之城言得滅度引導其心皆
令歡喜而不為說是法華經文殊師利如轉
輪王見諸兵衆有大功者心甚歡喜以此難
信之珠久在髻中不妄與人而今與之如來
亦復如是於三界中為大法王以法教化一切
衆生見賢聖軍與五陰魔煩惱魔死魔共

戰有大功勳滅三毒出三界破魔網尒時如
來亦大歡喜此法華經能令衆生至一切智
一切世間多怨難信先所未說而今說之文
殊師利此法華經是諸如來第一之說於諸
說中最為甚深末後賜與如彼強力之王久
護明珠今乃與之文殊師利此法華經諸佛
如來祕密之藏於諸經中最在其上長夜守
護不妄宣說始於今日乃與汝等而敷演之
尒時世尊欲重宣此義而說偈言
常行忍辱　哀愍一切　乃能演說　佛所讚經
後末世時　持此經者　於家出家　及非菩薩
應生慈悲　斯等不聞　不信是經　則為大失
我得佛道　以諸方便　為說此法　令住其中
譬如強力　轉輪之王　兵戰有功　賞賜諸物

我得佛道　以諸方便　為說此法　令住其中
譬如強力　轉輪之王　兵戰有功　賞賜諸物
象馬車乘　嚴身之具　及諸田宅　聚落城邑
或與衣服　種種珍寶　奴婢財物　歡喜賜與
如有勇健　能為難事　王解髻中　明珠賜之
如來亦爾　為諸法王　忍辱大力　智慧寶藏
以大慈悲　如法化世　見一切人　受諸苦惱
欲求解脫　與諸魔戰　為是衆生　說種種法
以大方便　說此諸經　既知衆生　得其力已
末後乃為　說是法華　如王解髻　明珠與之
此經為尊　衆經中上　我常守護　不妄開示
今正是時　為汝等說
我滅度後　求佛道者　欲得安隱　演說斯經
應當親近　如是四法　讀是經者　常無憂惱
又無病痛　顏色鮮白　不生貧窮　卑賤醜陋

衆生樂見　如慕賢聖　天諸童子　以為給使
刀杖不加　毒不能害　若人惡罵　口則閉塞
遊行無畏　如師子王　智慧光明　如日之照
若於夢中　但見妙事　見諸如來　坐師子座
諸比丘衆　圍繞說法　又見龍神　阿脩羅等
數如恒沙　恭敬合掌　自見其身　而為說法
又見諸佛　身相金色　放無量光　照於一切
以梵音聲　演說諸法　佛為四衆　說無上法
見身處中　合掌讚佛　聞法歡喜　而為供養
得陀羅尼　證不退智　佛知其心　深入佛道
即為授記　成最正覺　汝善男子　當於來世
得無量智　佛之大道　國土嚴淨　廣大無比
亦有四衆　合掌聽法　又見自身　在山林中
脩習善法　證諸實相　深入禪定　見十方佛

亦有四衆　合掌聽法　又見自身　在山林中
脩習善法　證諸實相　深入禪定　見十方佛
諸佛身金色　百福相莊嚴　聞法為人說　常有是好夢
又夢作國王　捨宮殿眷屬　及上妙五欲　行詣於道場
在菩提樹下　而處師子座　求道過七日　得諸佛之智
成無上道已　起而轉法輪　為四衆說法　經千萬億劫
說無漏妙法　度無量衆生　後當入涅槃　如烟盡燈滅
若後惡世中　說是第一法　是人得大利　如上諸功德

妙法蓮華經從地踊出品第十五

尒時他方國土諸來菩薩摩訶薩過八恒河沙數於大衆中起立合掌作禮而白佛言世尊若聽我等於佛滅後在此娑婆世界勤加精進護持讀誦書寫供養是經典者當於此土而廣說之尒時佛告諸菩薩摩訶薩衆止善男子不須汝等護持此經所以者何我娑

婆世界自有六萬恒河沙等菩薩摩訶薩
一一菩薩各有六萬恒河沙眷屬是諸人等能
於我滅後護持讀誦廣說此經佛說是語時
娑婆世界三千大千國土地皆震裂而於其
中有無量千萬億菩薩摩訶薩同時踊出是
諸菩薩身皆金色三十二相無量光明先盡
在此娑婆世界之下此界虛空中住是諸菩
薩聞釋迦牟尼佛所說音聲從下發來一一菩
薩皆是大衆唱導之首各將六萬恒河沙眷
屬況將五萬四萬三萬二萬一萬恒河沙等
眷屬者況復乃至一恒河沙半恒河沙四分
之一乃至千萬億那由他分之一況復千万
億那由他眷屬況復億万眷屬況復千万百
万乃至一万況復一千一百乃至一十況復
將五四三二一弟子者況復單己樂遠離行

億那由他眷屬況復億萬眷屬況復千萬百
万乃至一万況復一千一百乃至一十況復
將五四三二一弟子者況復單己樂遠離行
如是等比無量無邊算數譬喻所不能知是
諸菩薩從地出已各詣虛空七寶妙塔多寶
如來釋迦牟尼佛所到已向二世尊頭面礼
足及至諸寶樹下師子座上佛所亦皆作礼
右繞三帀合掌恭敬以諸菩薩種種讚法而
以讚嘆住在一面欣樂瞻仰於二世尊是諸
菩薩摩訶薩從初踊出以諸菩薩種種讚法
而讚於佛如是時間經五十小劫是時釋迦
牟尼佛默然而坐及諸四眾亦皆默然五十
小劫佛神力故令諸大眾謂如半日尒時四
眾亦以佛神力故見諸菩薩遍滿無量百千
万億國土虛空是菩薩眾中有四導師一名

上行二名無邊行三名淨行四名安立行是
四菩薩於其衆中最為上首唱導之師在
大衆前各共合掌觀釋迦牟尼佛而問訊言世
尊少病少惱安樂行不所應度者受教易不
不令世尊生疲勞耶尒時四大菩薩而說偈
言
世尊安樂　少病少惱　教化衆生　得無疲倦
又諸衆生　受化易不　不令世尊　生疲勞耶
尒時世尊於菩薩大衆中而作是言如是如是
諸善男子如来安樂少病少惱諸衆生等
易可化度無有疲勞所以者何是諸衆生世
世已来常受我化亦於過去諸佛供養尊重
種諸善根此諸衆生始見我身聞我所說即
皆信受入如来慧除先脩習學小乘者如是

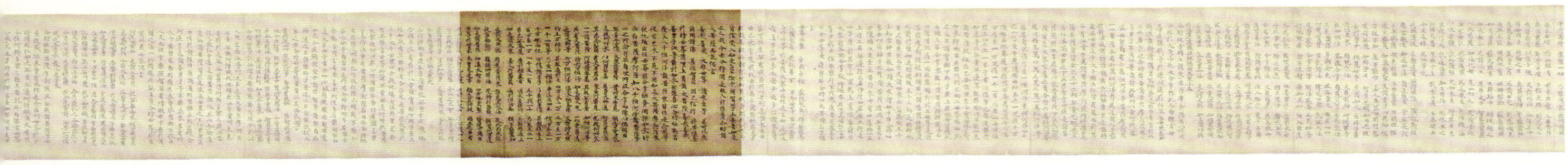

種諸善根此諸衆生始見我身聞我所說即
皆信受入如來慧除先修習學小乘者如是
之人我今亦令得聞是經入於佛慧尒時諸
大菩薩而說偈言
善哉善哉　大雄世尊　諸衆生等　易可化度
能問諸佛　甚深智慧　聞已信行　我等隨喜
於時世尊讚歎上首諸大菩薩善哉善哉
善男子汝等能於如來發隨喜心尒時弥勒菩
薩及八千恒河沙諸菩薩衆皆作是念我等
從昔已來不見不聞如是大菩薩摩訶薩衆
從地踊出住世尊前合掌供養問訊如來時
弥勒菩薩摩訶薩知八千恒河沙諸菩薩等
心之所念并欲自決所疑合掌向佛以偈問曰
無量千万億　大衆諸菩薩　昔所未曾見　願兩足尊說
是從何所來　以何因緣集　巨身大神通　智慧叵思議

其志念堅固 有大忍辱力 衆生所樂見 爲從何所來
一一諸菩薩 所將諸眷屬 其數無有量 如恒河沙等
或有大菩薩 將六万恒沙 如是諸大衆 一心求佛道
是諸大師等 六万恒河沙 俱來供養佛 及護持是經
將五万恒沙 其數過於是 四万及三万 二万至一万
一千一百等 乃至一恒沙 半及三四分 億万分之一
千万那由他 万億諸弟子 乃至於半億 其數復過上
百万至一万 一千及一百 五十與一十 乃至三二一
單己無眷屬 樂於獨處者 俱來至佛所 其數轉過上
如是諸大衆 若人行籌數 過於恒沙劫 猶不能盡知
是諸大威德 精進菩薩衆 誰爲其說法 教化而成就
從誰初發心 稱揚何佛法 受持行誰經 修習何佛道
如是諸菩薩 神通大智力 四方地震裂 皆從中踊出
世尊我昔來 未曾見是事 願說其所從 國土之名号

BD00448 妙法蓮華經（八卷本）卷五

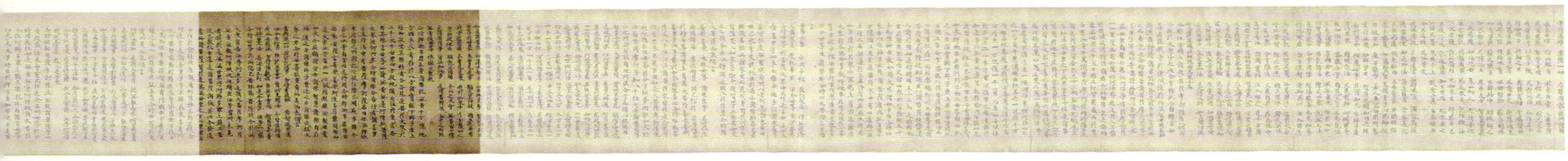

如是諸菩薩　神通大智力　四方地震裂　皆從中踊出
世尊我昔來　未曾見是事　願說其所從　國土之名号
我常遊諸國　未曾見是衆　我於此衆中　乃不識一人
忽然從地出　願說其因緣　今此之大會　無量百千億
是諸菩薩等　皆欲知此事　是諸菩薩衆　本末之因緣
無量德世尊　唯願決衆疑

尒時釋迦牟尼分身諸佛從無量千万億他方國土來者在於八方諸寶樹下師子座上結加趺坐其佛侍者各各見是菩薩大衆於三千大千世界四方從地踊出住於虛空各白其佛言世尊此諸無量無邊阿僧祇菩薩大衆從何所來尒時諸佛各告侍者諸善男子且待須臾有菩薩摩訶薩名曰弥勒釋迦牟尼佛之所授記次後作佛已問斯事佛今荅之汝等自當因是得聞尒時釋迦牟尼佛告

弥勒菩薩言善哉善哉阿逸多乃能問佛如
是大事汝等當共一心被精進鎧發堅固意
如來今欲顯發宣示諸佛智慧諸佛自在
神通之力諸佛師子奮迅之力諸佛威猛大
勢之力尒時世尊欲重宣此義而說偈言
當精進一心　我欲說此事　勿得有疑悔　佛智叵思議
汝今出信力　住於忍善中　昔所未聞法　今皆當得聞
我今安慰汝　勿得懷疑懼　佛無不實語　智慧不可量
所得第一法　甚深叵分別　如是今當說　汝等一心聽
尒時世尊說此偈已告弥勒菩薩我今於此
大衆宣告汝等阿逸多是諸大菩薩摩訶薩
無量無數阿僧祇從地踊出汝等昔所未見
者我於是娑婆世界得阿耨多羅三藐三菩
提已教化示導是諸菩薩調伏其心令發道
意此諸菩薩皆於是娑婆世界之下此界虛空

提已教化示導是諸菩薩調伏其心令發道
意此諸菩薩皆於是娑婆世界之下此界虛空
中住於諸經典讀誦通利思惟分別正憶念
阿逸多是諸善男子等不樂在衆多有所
說常樂靜處勤行精進未曾休息亦不依止
人天而住常樂深智無有障礙亦常樂於諸
佛之法一心精進求無上慧爾時世尊欲重
宣此義而說偈言
阿逸汝當知　是諸大菩薩　從無數劫來　脩習佛智慧
悉是我所化　令發大道心　此等是我子　依止是世界
常行頭陀事　志樂於靜處　捨大衆憒鬧　不樂多所說
如是諸子等　學習我道法　晝夜常精進　爲求佛道故
在娑婆世界　下方空中住　志念力堅固　常勤求智慧
說種種妙法　其心無所畏　我於伽耶城　菩提樹下坐
得成最正覺　轉無上法輪　尒乃教化之　令初發道心

令皆住不退　志當得成佛　我今說實語　汝等一心信
我從久遠來　教化是等衆
尒時弥勒菩薩摩訶薩及無數諸菩薩等心
生疑惑怪未曾有而作是念云何世尊於少
時間教化如是無量無邊阿僧祇諸大菩薩
令住阿耨多羅三藐三菩提即白佛言世尊
如來為太子時出於釋宮去伽耶城不遠坐
於道場得成阿耨多羅三藐三菩提從是已
來始過四十餘年世尊云何於此少時大作
佛事以佛勢力以佛功德教化如是無量大
菩薩衆當成阿耨多羅三藐三菩提世尊
此大菩薩衆假使有人於千万億劫數不能盡
不得其邊斯等久遠已來於無量無邊諸
佛所殖諸善根成就菩薩道常脩梵行世尊

不得其邊斯等久遠已來於無量無邊諸
佛所殖諸善根成就菩薩道常脩梵行世尊
如此之事世所難信譬如有人色美髮黑年二
十五指百歲人言是我子其百歲人亦指年
少言是我父生育我等是事難信佛亦如是
得道已來其實未久而此大衆諸菩薩等已
於無量千万億劫為佛道故勤行精進善入
出住無量百千万億三昧得大神通久脩梵
行善能次第習諸善法巧於問荅人中之寶
一切世間甚為希有今日世尊方云得佛道
時初令發心教化示導令向阿耨多羅三藐
三菩提世尊得佛未久乃能作此大功德事
我等雖復信佛隨宜所說佛所出言未曾虛
妄佛所知者皆悉通達然諸新發意菩薩於
佛滅後若聞是語或不信受而起破法罪業

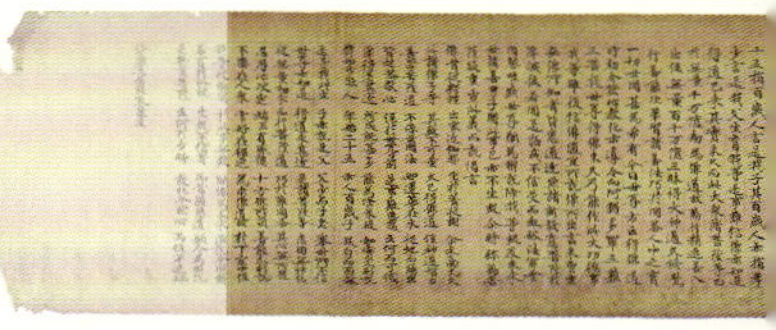

因緣唯然世尊願爲解說除我等疑及未來
世諸善男子聞此事已亦不生疑尒時弥勒菩
薩欲重宣此義而說偈言
佛昔從釋種　出家近伽耶　坐於菩提樹　尒来尚未久
此諸佛子等　其數不可量　久已得佛道　住神通智力
善學菩薩道　不染世間法　如蓮華在水　從地而踊出
皆起恭敬心　住於世尊前　是事難思議　云何而可信
佛得道甚近　所成就甚多　能為除衆疑　如實分別說
譬如少壯人　年始二十五　示人百歲子　髮白而面皺
是等我所生　子亦說是父　父少而子老　舉世所不信
世尊亦如是　得道来甚近　是諸菩薩等　志固無怯弱
從無量劫来　而行菩薩道　巧於難問荅　其心無所畏
忍辱心決定　端正有威德　十方佛所讚　善能分別說
不樂在人衆　常好在禪定　為求佛道故　於下空中住

忍辱心決定　端正有威德　十方佛所讚　善能分別說
不樂在人衆　常好在禪定　為求佛道故　於下空中住
我等從佛聞　於此事無疑　願佛為未來　演說令開解
若有於此經　生疑不信者　即當墮惡道　願今為解說
是無量菩薩　云何於少時　教化令發心　而住不退地

妙法蓮華經卷第五

BD00449 妙法蓮華經卷五

（後秦）鳩摩羅什 譯

904.7cm × 25.8cm

衣服卧具　飲食醫藥　而於其中　无所悕望
但一心念　說法因緣　願成佛道　令衆亦尔
是則大利　安樂供養　我滅度後　若有比丘
能演說斯　妙法華經　心无嫉恚　諸惱障礙
亦无憂愁　及罵詈者　又无怖畏　加刀杖等
亦无擯出　安住忍故　智者如是　善脩其心
能住安樂　如我上說　其人功德　千万億劫
筭數譬喻　說不能盡
又文殊師利菩薩摩訶薩於後末世法欲滅
時受持讀誦斯經典者无懷嫉妬諂誑之心
亦勿輕罵學佛道者求其長短若比丘比丘
尼優婆塞優婆夷求聲聞者求辟支佛者
求菩薩道者无得惱之令其疑悔語其人言汝
等去道甚遠終不能得一切種智所以者何

汝是放逸之人於道懈怠故又亦不應戲論
諸法有所諍競當於一切衆生起大悲想於
諸如来起慈父想於諸菩薩起大師想於十
方諸大菩薩常應深心恭敬礼拜於一切衆
生平等說法以順法故不多不少乃至深愛
法者亦不為多說文殊師利是菩薩摩訶薩
於後末世法欲滅時有成就是第三安樂行
者說是法時无能惱亂得好同學共讀誦是
經亦得大衆而来聽受聽已能持持已能誦
誦已能說說已能書若使人書供養經卷恭
敬尊重讚歎介時世尊欲重宣此義而說偈
言
若欲說是經　當捨嫉恚慢　諂誑邪偽心　常脩質直行
不輕蔑於人　亦不戲論法　不令他疑悔　云汝不得佛
是佛子說法　常柔和能忍　慈悲於一切　不能懈怠心

是佛子說法　常柔和能忍　慈悲於一切　不能懈怠心
十方大菩薩　愍衆故行道　應生恭敬心　是則我大師
於諸佛世尊　生无上父想　破於憍慢心　說法无障礙
第三法如是　智者應守護　一心安樂行　无量衆所敬
又文殊師利菩薩摩訶薩於後末世法欲滅
時有持法華經者於在家出家人中生大慈
心於非菩薩人中生大悲心應作是念如是
之人則爲大失如來方便隨宜說法不聞不
知不覺不問不信不解其人雖不問不信不
解是經我得阿耨多羅三藐三菩提時隨在
何地以神通力智慧力引之令得住是法中
文殊師利是菩薩摩訶薩於如來滅後有成
就此第四法者說是法時无有過失常爲比
丘比丘尼優婆塞優婆夷國王王子大臣人
民婆羅門居士等供養恭敬尊重讚歎虛空

諸天為聽法故亦常隨侍若在聚落城邑空
閑林中有人來欲難問者諸天晝夜常為法
故而衛護之能令聽者皆得歡喜所以者何
此經是一切過去未來現在諸佛神力所護
故文殊師利是法華經於无量國中乃至名
字不可得聞何况得見受持讀誦文殊師利
辟如强力轉輪聖王欲以威勢降伏諸國而
諸小王不順其命時轉輪王起種種兵而往
討伐王見兵衆戰有功者即大歡喜隨功賞
賜或與田宅聚落城邑或與衣服嚴身之具
或與種種珎寶金銀瑠璃車𤦲馬瑙珊瑚虎
珀象馬車乘奴婢人民唯髻中明珠不以與
之所以者何獨王頂上有此一珠若以與之
王諸眷屬必大驚怪文殊師利如來亦復如
是以禪定智慧力得法國土王於三界而諸

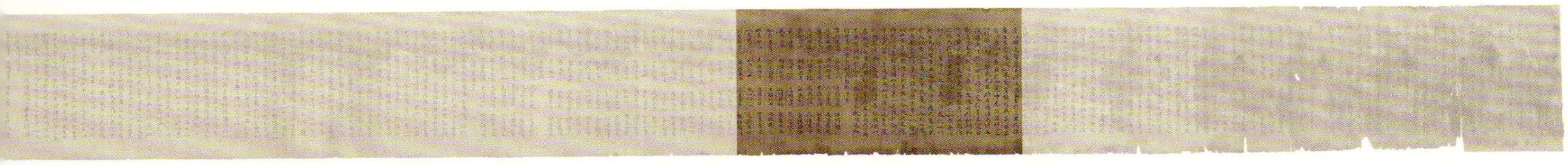

是以禪定智慧力得法國土王於三界而諸
魔王不肯順伏如來賢聖諸將與之共戰其
有功者心亦歡喜於四衆中爲說諸經令其
心悅賜以禪定解脫无漏根力諸法之財又
復賜與涅槃之城言得滅度引導其心令皆
歡喜而不爲說是法華經文殊師利如轉輪
王見諸兵衆有大功者心甚歡喜以此難信
之珠久在髻中不妄與人而今與之如來亦復
如是於三界中爲大法王以法教化一切
衆生見賢聖軍與五陰魔煩惱魔死魔共戰
有大功勳滅三毒出三界破魔網尒時如來
亦大歡喜此法華經能令衆生至一切智一
切世間多怨難信先所未說而今說之文殊
師利此法華經是諸如來第一之說於諸說
中冣爲甚深末後賜與如彼強力之王久護

明珠令乃與之文殊師利此法華經諸佛如
來祕密之藏於諸經中最在其上長夜守護
不妄宣說始於今日乃與汝等而敷演之爾
時世尊欲重宣此義而說偈言
常行忍辱　哀愍一切　乃能演說　佛所讚經
後末世時　持此經者　於家出家　及非菩薩
應生慈悲　斯等不聞　不信是經　則為大失
我得佛道　以諸方便　為說此法　令住其中
譬如強力　轉輪之王　兵戰有功　賞賜諸物
象馬車乘　嚴身之具　及諸田宅　聚落城邑
或與衣服　種種珍寶　奴婢財物　歡喜賜與
如有勇健　能為難事　王解髻中　明珠賜之
如來亦爾　為諸法王　忍辱大力　智慧寶藏
以大慈悲　如法化世　見一切人　受諸苦惱
欲求解脫　與諸魔戰　為是眾生　說種種法

欲求解脫　與諸魔戰　為是眾生　說種種法
以大方便　說此諸經　既知眾生　得其力已
末後乃為　說是法華　如王解髻　明珠與之
此經為尊　眾經中上　我常守護　不妄開示
今正是時　為汝等說　我滅度後　求佛道者
欲得安隱　演說斯經　應當親近　如是四法
讀是經者　常无憂惱　又无病痛　顏色鮮白
不生貧窮　卑賤醜陋　眾生樂見　如慕賢聖
天諸童子　以為給使　刀杖不加　毒不能害
若人惡罵　口則閉塞　遊行无畏　如師子王
智慧光明　如日之照　若於夢中　但見妙事
見諸如來　坐師子座　諸比丘眾　圍繞說法
又見龍神　阿脩羅等　數如恒沙　恭敬合掌
自見其身　而為說法　又見諸佛　身相金色
放无量光　照於一切　以梵音聲　演說諸法

佛爲四衆　說无上法　見身處中　合掌讚佛
聞法歡喜　而爲供養　得陁羅尼　證不退智
佛知其心　深入佛道　即爲授記　成最正覺
汝善男子　當於來世　得无量智　佛之大道
國土嚴淨　廣大无比　亦有四衆　合掌聽法
又見自身　在山林中　脩習善法　證諸實相
深入禪定　見十方佛
諸佛身金色　百福相莊嚴　聞法爲人說　常有是好夢
又夢作國王　捨宮殿眷屬　及上妙五欲　行詣於道場
在菩提樹下　而處師子座　求道過七日　得諸佛之智
成无上道已　起而轉法輪　爲四衆說法　經千万億劫
說无漏妙法　度无量衆生　後當入涅槃　如烟盡燈滅
若後惡世中　說是第一法　是人得大利　如上諸功德

妙法蓮華經從地踊出品第十五

尒時他方國土諸來菩薩摩訶薩過八恒河

尒時他方國土諸來菩薩摩訶薩過八恒河
沙數於大衆中起合掌作礼而白佛言世尊
若聽我等於佛滅後在此娑婆世界勤加精
進護持讀誦書寫供養是經典者當於此土
而廣說之尒時佛告諸菩薩摩訶薩衆止善
男子不須汝等護持此經所以者何我娑婆
世界自有六万恒河沙等菩薩摩訶薩一一
菩薩各有六万恒河沙眷屬是諸人等能於
我滅後護持讀誦廣說此經佛說是時娑婆
世界三千大千國土地皆震裂而於其中有
无量千万億菩薩摩訶薩同時踊出是諸菩
薩身皆金色三十二相无量光明先盡在此
娑婆世界之下此界虛空中住是諸菩薩聞
釋迦牟尼佛所說音聲從下發來一一菩薩
皆是大衆唱導之首各將六万恒河沙眷屬

况将五万四万三万二万一万恒河沙等眷
属者况復乃至一恒河沙半恒河沙四分之
一乃至千万億那由他分之一况復千万億
那由他眷属况復億万眷属况復千万百万
乃至一万况復一千一百乃至一十况復将
五四三二一弟子者况復單己樂遠離行如
是等比无量无邊算數譬喻所不能知是諸
菩薩從地出已各詣虚空七寶妙塔多寶如
来釋迦牟尼佛所到已向二世尊頭面礼足
及至諸寶樹下師子座上佛所亦皆作礼右
繞三帀合掌恭敬以諸菩薩種種讃法而以
讃歎住在一面欣樂瞻仰於二世尊是諸菩
薩摩訶薩從初踊出以諸菩薩種種讃法而
讃於佛如是時間經五十小劫是時釋迦牟
尼佛默然而坐及諸四衆亦皆默然五十小

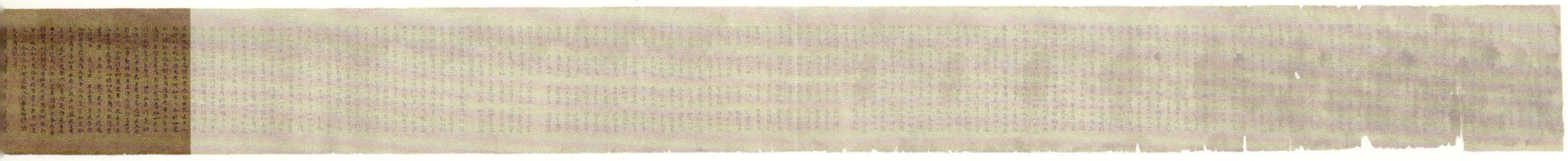

尼佛默然而坐及諸四衆亦皆默然五十小
劫佛神力故令諸大衆謂如半日尒時四衆
亦以佛神力故見諸菩薩遍滿无量百千万
億國土虛空是菩薩衆中有四導師一名上
行二名无邊行三名淨行四名安立行是四
菩薩於其衆中最爲上首唱導之師在大衆
前各共合掌觀釋迦牟尼佛而問訊言世尊
少病少惱安樂行不所應度者受教易不不
令世尊生疲勞耶尒時四大菩薩而說偈言
世尊安樂　少病少惱　教化衆生　得无疲倦
又諸衆生　受化易不　不令世尊　生疲勞耶
尒時世尊於菩薩大衆中而作是言如是如
是諸善男子如來安樂少病少惱諸衆生等
易可化度无有疲勞所以者何是諸衆生世
世已來常受我化亦於過去諸佛供養尊重

種諸善根此諸衆生始見我身聞我所說即
皆信受入如来慧除先脩習學小乘者如是
之人我今亦令得聞是經入於佛慧尒時諸
大菩薩而說偈言
善哉善哉　大雄世尊　諸衆生等　易可化度
能問諸佛　甚深智慧　聞已信行　我等隨喜
於時世尊讚歎上首諸大菩薩善哉善哉善
男子汝等能於如来發隨喜心尒時弥勒菩
薩及八千恒河沙諸菩薩衆皆作是念我等
從昔已来不見不聞如是大菩薩摩訶薩衆
從地踊出住世尊前合掌供養問訊如来時
弥勒菩薩摩訶薩知八千恒河沙諸菩薩等
心之所念并欲自決所疑合掌向佛以偈問曰
无量千万億　大衆諸菩薩　昔所未曾見　願兩足尊說
是從何所来　以何因緣集　巨身大神通　智慧叵思議

是從何所來　以何因緣集　巨身大神通　智慧叵思議
其志念堅固　有大忍辱力　衆生所樂見　爲從何所來
一一諸菩薩　所將諸眷屬　其數无有量　如恒河沙等
或有大菩薩　將六万恒河　如是諸大衆　一心求佛道
是諸大師等　六万恒河沙　俱來供養佛　及護持此經
將五万恒沙　其數過扵是　四万及三万　二万至一万
一千一百等　乃至一恒沙　半及三四分　億万分之一
千万那由他　万億諸弟子　乃至扵半億　其數復過上
百万至一万　一千及一百　五十與一十　乃至三二一
單己无眷屬　樂扵獨處者　俱來至佛所　其數轉過上
如是諸大衆　若人行籌數　過扵恒沙劫　猶不能盡知
是諸大威德　精進菩薩衆　誰爲其說法　教化而成就
從誰初發心　稱揚何佛法　受持行誰經　脩習何佛道
如是諸菩薩　神通大智力　四方地震裂　皆從中踊出
世尊我昔來　未曾見是事　願說其所從　國土之名號

我常遊諸國　未曾見是衆　我於此衆中　乃不識一人
忽然從地出　願說其因緣　今此之大會　无量百千億
是諸菩薩等　皆欲知此事　是諸菩薩衆　本末之因緣
无量德世尊　唯願決衆疑
尒時釋迦牟尼佛分身諸佛從无量千万億
他方國土來者在於八方諸寶樹下師子座
上結跏趺坐其佛侍者各各見是菩薩大衆
於三千大千世界四方從地踊出住於虛空
各白其佛言世尊此諸无量无邊阿僧祇菩
薩大衆從何所來尒時諸佛各告侍者諸善
男子且待須臾有菩薩摩訶薩名彌勒釋迦
牟尼佛之所授記次後作佛已問斯事佛今
荅之汝等自當因是得聞尒時釋迦牟尼佛
告彌勒菩薩善哉善哉阿逸多乃能問佛如
是大事汝等當共一心被精進鎧發堅固意

是大事汝等當共一心被精進鎧發堅固意
如來今欲顯發宣示諸佛智慧諸佛自在神
通之力諸佛師子奮迅之力諸佛威猛大勢
之力尒時世尊欲重宣此義而說偈言
當精進一心　我欲說此事　勿得有疑悔　佛智叵思議
汝今出信力　住於忍善中　昔所未聞法　今皆當得聞
我今安慰汝　勿得懷疑懼　佛无不實語　智慧不可量
所得第一法　甚深叵分別　如是今當說　汝等一心聽
尒時世尊說此偈已告彌勒菩薩我今於此
大衆宣告汝等阿逸多是諸大菩薩摩訶薩
无量无數阿僧祇從地踊出汝等昔所未見
者我於是娑婆世界得阿耨多羅三藐三菩
提已教化示導是諸菩薩調伏其心令發道
意此諸菩薩皆於是娑婆世界之下此界虛
空中住於諸經典讀誦通利思惟分別正憶

念向逸多是諸善男子等不樂在衆多有所
說常樂靜處勤行精進未曾休息亦不依止
人天而住常樂深智无有障礙亦常樂於諸
佛之法一心精進求无上慧尒時世尊欲重
宣此義而說偈言
阿逸汝當知　是諸大菩薩　從无數劫來　脩習佛智慧
悉是我所化　令發大道心　此等是我子　依止是世界
常行頭陁事　志樂於靜處　捨大衆憒閙　不樂多所說
如是諸子等　學習我道法　晝夜常精進　為求佛道故
在娑婆世界　下方空中住　志念力堅固　常勤求智慧
說種種妙法　其心无所畏　我於伽耶城　菩提樹下坐
得成最正覺　轉无上法輪　尒乃教化之　令初發道心
今皆住不退　悉當得成佛　我今說實語　汝等一心信
我從久遠來　教化是等衆
尒時弥勒菩薩摩訶薩及无數諸菩薩等心

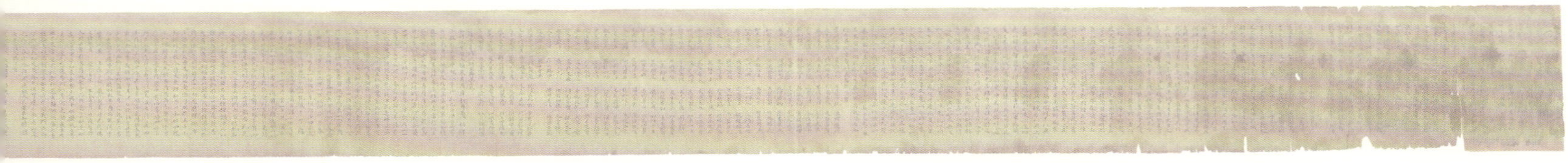

尒時彌勒菩薩摩訶薩及无數諸菩薩等心
生疑惑怪未曾有而作是念云何世尊於少
時間教化如是无量无邊阿僧祇諸大菩薩
令住阿耨多羅三藐三菩提即白佛言世尊
如來爲太子時出於釋宮去伽耶城不遠坐
於道場得成阿耨多羅三藐三菩提從是已
來始過四十餘年世尊云何於此少時大作
佛事以佛勢力以佛功德教化如是无量大
菩薩衆當成阿耨多羅三藐三菩提世尊此
大菩薩衆假使有人於千万億劫數不能盡
不得其邊斯等久遠已來於无量无邊諸佛
所值諸善根成就菩薩道常脩梵行世尊如
此之事世所難信譬如有人色美髮黑年二
十五指百歲人言是我子其百歲人亦指年
少言是我父生育我等是事難信佛亦如是

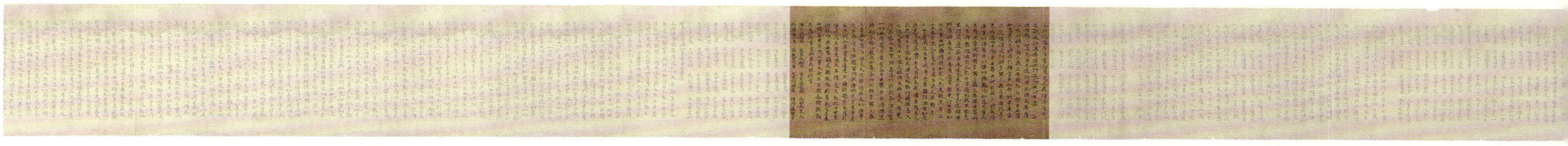

得道已来其實未久而此大衆諸菩薩等已
於无量千万億劫爲佛道故勤行精進善入
出住无量百千万億三昧得大神通久脩梵
行善能次苐習諸善法巧於問荅人中之寶
一切世間甚爲希有今日世尊方云得佛道
時初令發心教化示導令向阿耨多羅三藐
三菩提世尊得佛未久乃能作此大功德事
我等雖復信佛隨宜所說佛所出言未曾虛
妄佛所知者皆悉通達然諸新發意菩薩於
佛滅後若聞是語或不信受而起破法罪業
因緣唯然世尊願爲解說除我等疑及未来
世諸善男子聞此事已亦不生疑尒時弥勒
菩薩欲重宣此義而說偈言

佛昔從釋種　出家近伽耶　坐於菩提樹　尒時尚未久
此諸佛子等　其數不可量　久已行佛道　住神通智力

此諸佛子等　其數不可量　久已行佛道　住神通智力
善學菩薩道　不染世間法　如蓮華在水　從地而踊出
皆起恭敬心　住於世尊前　是事難思議　云何而可信
佛得道甚近　所成就甚多　願為除衆疑　如實分別說
譬如少壯人　年始二十五　示人百歲子　髮白而面皺
是等我所生　子亦說是父　父少而子老　舉世所不信
世尊亦如是　得道來甚近　是諸菩薩等　志固无怯弱
從无量劫來　而行菩薩道　巧於難問荅　其心无所畏
忍辱心決定　端正有威德　十方佛所讚　善能分別說
不樂在人衆　常好在禪定　為求佛道故　於下空中住
我等從佛聞　於此事无疑　願佛為未來　演說令開解
若有於此經　生疑不信者　即當墮惡道　願今為解說
是无量菩薩　云何於少時　教化令發心　而住不退地

妙法蓮華經如來壽量品第十六

尒時佛告諸菩薩及一切大衆諸善男子女

等當信解如来誠諦之語復告大衆汝等當
信解如来誠諦之語又復告諸大衆汝等當
信解如来誠諦之語是時菩薩大衆弥勒為
首合掌白佛言世尊唯願說之我等當信受
佛語如是三白已復言唯願說之我等當信
受佛語尒時世尊知諸菩薩三請不止而告
之言汝等諦聽如来秘密神通之力一切世
閒天人及阿脩羅皆謂今釋迦牟尼佛出釋
氏宮去伽耶城不遠坐於道場得阿耨多羅
三藐三菩提然善男子我實成佛已来无量
无邊百千万億那由他劫譬如五百千万億
那由他阿僧祇三千大千世界假使有人末
為微塵過於東方五百千万億那由他阿僧
祇國乃下一塵如是東行盡是微塵諸善
男子於意云何是諸世界可得思惟挍計知其

男子於意云何是諸世界可得思惟挍計知其
數不弥勒菩薩等俱白佛言世尊是諸世界
无量无邊非筭數所知亦非心力所及一切
聲聞辟支佛以无漏智不能思惟知其限數
我等住阿惟越致地於是事中亦所不達世
尊如是諸世界无量无邊尒時佛告大菩薩
衆諸善男子今當分明宣語汝等是諸世界
若著微塵及不著者盡以為塵一塵一劫我
成佛已來復過於此百千万億那由他阿僧
祇劫自從是來我常在此娑婆世界說法教
化亦於餘處百千万億那由他阿僧祇國導
利衆生諸善男子於是中間我說然燈佛等
又復言其入於涅槃如是皆以方便分別諸
善男子若有衆生來至我所我以佛眼觀其
信等諸根利鈍隨所應度處處自說名字不

同年紀大小亦復現言當入涅槃又以種種
方便說微妙法能令衆生發歡喜心諸善男
子如來見諸衆生樂於小法德薄垢重者為
是人說我少出家得阿耨多羅三藐三菩提
然我實成佛已來久遠若斯但以方便教化
衆生令入佛道作如是說諸善男子如來所
演經典皆為度脫衆生或說己身或說他身
或示己身或示他身或示己事或示他事諸
所言說皆實不虛所以者何如來如實知見
三界之相无有生死若退若出亦无在世及
滅度者非實非虛非如非異不如三界見於
三界如斯之事如來明見无有錯謬以諸衆
生有種種性種種欲種種行種種憶想分別
故欲令生諸善根以若干因緣譬喻言辭種
種說法所作佛事未曾暫廢如是我成佛已

種說法所作佛事未曾暫廢如是我成佛已
來甚大久遠壽命无量阿僧祇劫常住不滅
諸善男子我本行菩薩道所成壽命今猶未
盡復倍上數然今非實滅度而便唱言當取
滅度如來以是方便教化衆生所以者何若
佛久住於世薄德之人不種善根貧窮下賤
貪著五欲入於憶想妄見網中若見如來常
在不滅便起憍恣而懷猒怠不能生難遭之
想恭敬之心是故如來以方便說比丘當知
諸佛出世難可值遇所以者何諸薄德人過
无量百千万億劫或有見佛或不見者以此
事故我作是言諸比丘如來難可得見斯衆
生等聞如是語必當生於難遭之想心懷戀
慕渴仰於佛便種善根是故如來雖不實滅
而言滅度又善男子諸佛如來法皆如是為

度衆生皆實不虛譬如良醫智慧聰達明練
方藥善治衆病其人多諸子息若十二十乃
至百數以有事緣遠至餘國諸子於後飲他
毒藥藥發悶亂宛轉于地是時其父還來歸
家諸子飲毒或失本心或不失者遥見其父
皆大歡喜拜跪問訊善安隱歸我等愚癡誤
服毒藥願見救療更賜壽命父見子等苦惱
如是依諸經方求好藥草色香美味皆悉具
足擣篩和合與子令服而作是言此大良藥
色香美味皆悉具足汝等可服速除苦惱无
復衆患其諸子中不失心者見此良藥色香
俱好即便服之病盡除愈餘失心者見其父
來雖亦歡喜問訊求索治病然與其藥而不
肯服所以者何毒氣深入失本心故於此好
色香藥而謂不美父作是念此子可愍爲毒

色香藥而謂不美父作是念此子可愍爲毒
所中心皆顛倒雖見我喜求索救療如是好
藥而不肯服我今當設方便令服此藥即作
是言汝等當知我今衰老死時已至是好良
藥今留在此汝可取服勿憂不差作是教已
復至他國遣使還告汝父已死是時諸子聞
父背喪心大憂惱而作是念若父在者慈愍
我等能見救護今者捨我遠喪他國自惟孤
露无復恃怙常懷悲感心遂醒悟乃知此藥
色味香美即取服之毒病皆愈其父聞子悉
已得差尋便來歸咸使見之諸善男子於意
云何頗有人能說此良醫虛妄罪不不也世
尊佛言我亦如是成佛已來无量无邊百千
萬億那由他阿僧祇劫爲衆生故以方便力言
當滅度亦无有能如法說我虛妄過者尒

時世尊欲重宣此義而說偈言

自我得佛來　所經諸劫數　无量百千万　億載阿僧祇

常說法教化　无數億衆生　令入於佛道　尒來无量劫

為度衆生故　方便現涅槃　而實不滅度　常住此說法

我常住於此　以諸神通力　令顛倒衆生　雖近而不見

衆見我滅度　廣供養舍利　咸皆懷戀慕　而生渴仰心

衆生既信伏　質直意柔軟　一心欲見佛　不自惜身命

時我及衆僧　俱出靈鷲山　我時語衆生　常在此不滅

以方便力故　現有滅不滅　餘國有衆生　恭敬信樂者

我復於彼中　為說无上法　汝等不聞此　但謂我滅度

我見諸衆生　沒在於苦惱　故不為現身　令其生渴仰

因其心戀慕　乃出為說法　神通力如是　於阿僧祇劫

常在靈鷲山　及餘諸住處　衆生見劫盡　大火所燒時

我此土安隱　天人常充滿　園林諸堂閣　種種寶莊嚴

寶樹多華菓　衆生所遊樂　諸天擊天鼓　常作衆伎樂

BD00449　妙法蓮華經卷五

寶樹多華菓　衆生所遊樂　諸天擊天鼓　常作衆伎樂
雨曼陀羅華　散佛及大衆　我淨土不毀　而衆見燒盡
憂怖諸苦惱　如是悉充滿　是諸罪衆生　以惡業因緣
過阿僧祇劫　不聞三寶名　諸有脩功德　柔和質直者
則皆見我身　在此而說法　或時爲此衆　說佛壽无量
久乃見佛者　爲說佛難值　我智力如是　慧光照无量
壽命无數劫　久脩業所得　汝等有智者　勿於此生疑
當斷令永盡　佛語實不虛　如醫善方便　爲治狂子故
實在而言死　无能說虛妄　我亦爲世父　救諸苦患者
爲凡夫顛倒　實在而言滅　以常見我故　而生憍恣心
放逸著五欲　墮於惡道中　我常知衆生　行道不行道
隨應所可度　爲說種種法　每自作是意　以可令衆生
得入无上道　速成就佛身

妙法蓮華經分別功德品第十七

尒時大會聞佛說壽命劫數長遠如是无量

无邊阿僧祇衆生得大饒益於時世尊告弥
勒菩薩摩訶薩阿逸多我說是如来壽命長
遠時六百八十万億那由他恒河沙衆生得无
生法忍復千倍菩薩摩訶薩得聞持陁羅
尼門復有一世界微塵數菩薩摩訶薩得樂
說无礙辯才復有一世界微塵數菩薩摩訶
薩得百万億无量旋陁羅尼復有三千大千
世界微塵數菩薩摩訶薩能轉不退法輪復
有二千中國土微塵數菩薩摩訶薩能轉清
淨法輪復有小千國土微塵數菩薩摩訶薩
八生當得阿耨多羅三藐三菩提復有四四
天下微塵數菩薩摩訶薩四生當得阿耨多
羅三藐三菩提復有三四天下微塵數菩薩
摩訶薩三生當得阿耨多羅三藐三菩提復
有二四天下微塵數菩薩摩訶薩二生當得

BD00449　妙法蓮華經卷五

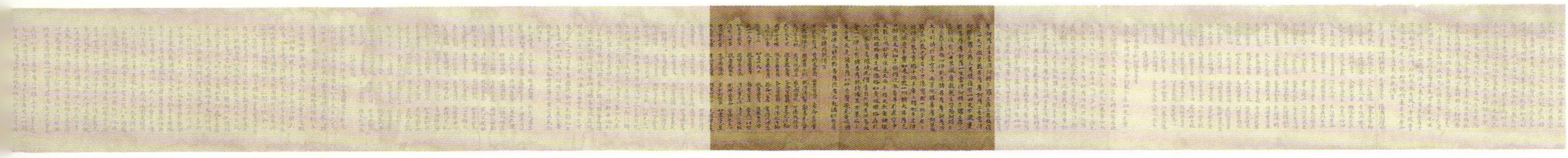

摩訶薩三生當得阿耨多羅三藐三菩提復
有二四天下微塵數菩薩摩訶薩二生當得
阿耨多羅三藐三菩提復有一四天下微塵
數菩薩摩訶薩一生當得阿耨多羅三藐三
菩提復有八世界微塵數衆生皆發阿耨多
羅三藐三菩提心佛說是諸菩薩摩訶薩得
大法利時於虛空中雨曼陁羅華摩訶曼陁
羅華以散无量百千万億寶樹下師子座上
諸佛并散七寶塔中師子座上釋迦牟尼佛
及久滅度多寶如來亦散一切諸大菩薩及
四部衆又雨細末栴檀沉水香等於虛空中
天鼓自鳴妙聲深遠又雨千種天衣垂諸瓔
珞真珠瓔珞摩尼珠瓔珞如意珠瓔珞遍於
九方衆寶香爐燒无價香自然周至供養大
會一一佛上有諸菩薩執持幡蓋次第而上

至于梵天是諸菩薩以妙音聲歌无量頌讚
歎諸佛尒時彌勒菩薩從座而起偏袒右肩
合掌向佛而說偈言
佛說希有法　昔所未曾聞　世尊有大力　壽命不可量
无數諸佛子　聞世尊分別　說得法利者　歡喜充遍身
或住不退地　或得陁羅尼　或无礙樂說　万億旋摠持
或有大千界　微塵數菩薩　各各皆能轉　不退之法輪
或有中千界　微塵數菩薩　各各皆能轉　清淨之法輪
復有小千界　微塵數菩薩　餘各八生在　當得成佛道
復有四三二　如是四天下　微塵諸菩薩　隨數生成佛
或一四天下　微塵數菩薩　餘有一生在　當成一切智
如是等衆生　聞佛壽長遠　得无量无漏　清淨之果報
復有八世界　微塵數衆生　聞佛說壽命　皆發无上心
世尊說无量　不可思議法　多有所饒益　如虛空无邊
雨天曼陁羅　摩訶曼陁羅　釋梵如恒沙　无數佛土來

BD00449　妙法蓮華經卷五

世尊説无量　不可思議法　多有所饒益　如虚空无邊
雨天曼陁羅　摩訶曼陁羅　釋梵如恒沙　无數佛土来
雨栴檀沉水　繽紛而亂墜　如鳥飛空下　供散於諸佛
天鼓虚空中　自然出妙聲　天衣千万種　旋轉而来下
衆寶妙香爐　燒无價之香　自然悉周遍　供養諸世尊
其大菩薩衆　執七寶幡蓋　高妙万億種　次第至梵天
一一諸佛前　寶幢懸勝幡　亦以千万偈　歌詠諸如来
如是種種事　昔所未曾有　聞佛壽无量　一切皆歡喜
佛名聞十方　廣饒益衆生　一切具善根　以助无上心
尒時佛告弥勒菩薩摩訶薩阿逸多其有衆
生聞佛壽命長遠如是乃至能生一念信解
所得功德无有限量若有善男子善女人為
阿耨多羅三藐三菩提於八十万億那由他劫
行五波羅蜜檀波羅蜜尸羅波羅蜜羼提
波羅蜜毗梨耶波羅蜜禪波羅蜜除般若波

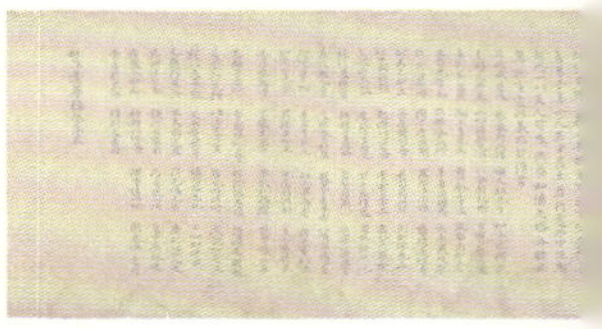

羅蜜以是功德比前功德百分千分百千万
億分不及其一乃至筭數譬喻所不能知若
善男子有如是功德於阿耨多羅三藐三菩
提退者无有是處尒時世尊欲重宣此義而
說偈言

若人求佛慧　於八十万億　那由他劫數　行五波羅蜜
於是諸劫中　布施供養佛　及緣覺弟子　并諸菩薩衆
珎異之飲食　上服與卧具　栴檀立精舍　以園林莊嚴
如是等布施　種種皆微妙　盡此諸劫數　以迴向佛道
若復持禁戒　清淨无缺漏　求於无上道　諸佛之所歎
若復行忍辱　住於調柔地　設衆惡來加　其心不傾動
諸有得法者　懷於增上慢　為此所輕惱　如是亦能忍
若復勤精進　志念常堅固　於无量億劫　一心不懈息
又於无數劫　住於空閑處　若坐若經行　除睡常攝心
以是因緣故　能生諸禪定　八十億万劫　安住心不亂

BD00449　妙法蓮華經卷五

以是因緣故　能生諸禪定　八十億万劫　安住心不亂
持此一心福　願求无上道　我得一切智　盡諸禪定際
是人於百千　万億劫數中　行此諸功德　如上之所說
有善男女等　聞我說壽命　乃至一念信　其福過於彼
若人悉无有　一切諸疑悔　深心須臾信　其福為如此
其有諸菩薩　无量劫行道　聞我說壽命　是則能信受
如是諸人等　頂受此經典　願我於未來　長壽度衆生
如今日世尊　諸釋中之王　道場師子吼　說法无所畏
我等未來世　一切所尊敬　坐於道場時　說壽亦如是
若有深心者　清淨而質直　多聞能總持　隨義解佛語
如是諸人等　於此无有疑
又阿逸多若有聞佛壽命長遠解其言趣是
人所得功德无有限量能起如來无上之慧
何況廣聞是經若教人聞若自持若教人持
若自書若教人書若以華香瓔珞幢幡繒蓋

香油蘓燈供養經卷是人功德无量无邊能
生一切種智阿逸多若善男子善女人聞我
說壽命長遠深心信解則為見佛常在耆闍
崛山共大菩薩諸聲聞衆圍繞說法又見此
娑婆世界其地瑠璃坦然平正閻浮檀金以
界八道寶樹行列諸臺樓觀皆悉寶成其菩
薩衆咸處其中若有能如是觀者當知是為
深信解相又復如來滅後若聞是經而不毀
呰起隨喜心當知已為深信解相何況讀誦
受持之者斯人則為頂戴如來阿逸多是善
男子善女人不須為我復起塔寺及作僧坊
以四事供養衆僧所以者何是善男子善女
人受持讀誦是經典者為已起塔造立僧坊
供養衆僧則為以佛舍利起七寶塔高廣漸
小至于梵天懸諸幡蓋及衆寶鈴華香瓔珞

BD00449　妙法蓮華經卷五

供養衆僧則爲以佛舍利起七寶塔高廣漸
小至于梵天懸諸幡蓋及衆寶鈴華香瓔珞
末香塗香燒香衆鼓伎樂簫笛箜篌種種舞
戲以妙音聲歌唄讚頌則爲於无量千万億
劫作是供養已阿逸多若我滅後聞是經典
有能受持若自書若教人書則爲起立僧坊
以赤栴檀作諸殿堂三十有二高八多羅樹
高廣嚴好百千比丘於其中心園林流池經
行禪窟衣服飲食床褥湯藥一切樂具充滿
其中如是僧坊堂閣若干百千万億其數无
量以此現前供養於我及比丘僧是故我說
如來滅後若有受持讀誦爲他人說若自書
若教人書供養經卷不須復起塔寺及造僧
坊供養衆僧況復有人能持是經兼行布施
持戒忍辱精進一心智慧其德最勝无量无

邊譬如虛空東西南北四維上下无量无邊
是人功德亦復如是无量无邊疾至一切種
智若人讀誦受持是經為他人說若自書若
教人書復能起塔及造僧坊供養讚歎聲聞
眾僧亦以百千万億讚歎之法讚歎菩薩功
德又為他人種種因緣隨義解說此法華經
復能清淨持戒與柔和者而共同止忍辱无
瞋志念堅固常貴坐禪得諸深定精進勇猛
攝諸善法利根智慧善荅問難阿逸多若我
滅後諸善男子善女人受持讀誦是經典者
復有如是諸善功德當知是人已趣道場近
阿耨多羅三藐三菩提坐道樹下阿逸多是
善男子善女人若坐若立若行處此中便應
起塔一切天人皆應供養如佛之塔尒時世
尊欲重宣此義而說偈言

BD00449　妙法蓮華經卷五

尊欲重宣此義而說偈言
若我滅度後　能奉持此經　斯人福无量　如上之所說
是則為具足　一切諸供養　以舍利起塔　七寶而莊嚴
表刹甚高廣　漸小至梵天　寶鈴千万億　風動出妙音
又於无量劫　而供養此塔　華香諸瓔珞　天衣衆伎樂
燃香油蘇燈　周帀常照明　惡世法末時　能持是經者
則為已如上　具足諸供養　若能持此經　則如佛現在
以牛頭栴檀　起僧坊供養　堂有三十二　高八多羅樹
上饌妙衣服　床卧皆具足　百千衆住處　園林諸流池
經行及禪窟　種種皆嚴好　若有信解心　受持讀誦書
若復教人書　及供養經卷　散華香末香　以須曼瞻蔔
阿提目多伽　薰油常然之　如是供養者　得无量功德
如虛空无邊　其福亦如是　況復持此經　兼布施持戒
忍辱樂禪定　不瞋不惡口　恭敬於塔廟　謙下諸比丘
遠離自高心　常思惟智慧　有問難不瞋　隨順為解說

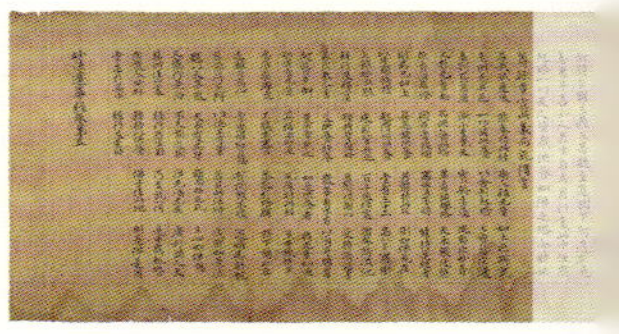

若能行是行　功德不可量　若見此法師　成就如是德

應以天華散　天衣覆其身　頭面接足礼　生心如佛想

又應作是念　不久詣道樹　得无漏无為　廣利諸人天

其所住止處　經行若坐臥　乃至說一偈　是中應起塔

莊嚴令妙好　種種以供養　佛子住此地　則是佛受用

常在於其中　經行及坐臥

妙法蓮華經卷第五

BD00450A　無量壽宗要經（甲本）

BD00450Av　雜寫

139.5cm × 31.5cm

南謨薄伽勃底一阿波唎蜜多二阿喻紇硯娜三須毗你甚指陀四囉佐耶五怛他羯他耶六怛姪他唵
薩婆桑悉指囉八波唎輸底九達磨底十伽伽娜十一莎訶某持迦底十二莎婆婆毗輸底十三摩訶
娜耶十四波唎婆囉莎訶十五　尒時復有四十五殑佛一時同聲說是无量壽宗要
經陀羅尼曰　南謨薄伽勃底一阿波唎蜜多二阿喻紇硯娜三須毗你甚指陀四囉佐耶五怛
他羯他耶六怛姪他唵七薩婆桑悉迦囉八波唎輸底九達磨底十伽伽娜十一莎訶某持迦底十二
莎婆婆毗輸底十三摩訶娜耶十四波唎婆囉莎訶十五
尒時復有三十六殑佛一時同聲說是无量壽宗要經陀羅尼曰
南謨薄伽勃底一阿波唎蜜多二阿喻紇硯娜三須毗你甚指陀四囉佐耶五怛他羯他耶六怛
姪他唵七薩婆桑悉迦囉八波唎輸底九達磨底十伽伽娜十一莎訶某持迦底十二莎婆婆毗輸底十三
摩訶娜耶十四波唎婆囉莎訶十五　尒時復有二十五殑佛一時同聲說是无量
壽宗要經陀羅尼曰　南謨薄伽勃底一阿波唎蜜多二阿喻紇硯娜三須毗你
甚指陀四囉佐耶五怛他羯他耶六怛姪他唵七薩婆桑悉迦囉八波唎輸底九達磨底十伽伽娜十一莎
訶某持迦底十二莎婆婆毗輸底十三摩訶娜耶十四波唎婆囉莎訶十五
尒時復有恒河沙殑佛一時同聲說是无量壽宗要經陀羅尼曰
南謨薄伽勃底一阿波唎蜜多二阿喻紇硯娜三須毗你甚指陀四囉佐耶五怛他羯他耶六怛姪

他唵七 薩婆桑悉迦羅八 波唎輸底九 達摩底十 伽伽娜十一 莎訶其持迦底十二 莎訶其持迦底
娑婆毗輸底十三 摩訶娜耶十四 波唎婆羅莎訶十五
善男子若有自書寫教人書寫是無量壽宗要經如其命盡復得長壽而滿年
陀羅尼曰 南謨薄伽勃底一 阿波唎蜜多二 阿喻紇硯那三 須毗你悉指陀四 囉佐耶五 怛他羯
他耶六 怛姪他唵七 薩婆桑悉迦囉八 波唎輸底九 達摩底十 伽迦娜十一 莎訶其持迦底十二 莎婆娑
毗輸底十三 摩訶娜耶十四 波唎婆羅莎訶十五
若有自書寫教人書寫是無量壽宗要經讀誦受持畢竟不墮地獄在在所生得宿命
智陀羅尼曰 南謨薄伽勃底一 阿波唎蜜多二 阿喻紇硯那三 須毗你悉指陀四 囉佐耶五 怛他羯
他耶六 怛姪他唵七 薩婆桑悉迦羅八 波唎輸底九 達摩底十 伽迦娜十一 莎訶其持迦底十二 莎婆娑毗輸底十三
摩訶娜耶十四 波唎婆羅莎訶十五 若有自書教人書寫是無量宗要受持讀誦如同
書寫八万四千一切經典陀羅尼曰 南謨薄伽勃底一 阿波唎蜜多二 阿喻紇硯那三 須毗你悉
指陀四 囉佐耶五 怛他羯他耶六 怛姪他唵七 薩婆桑悉迦羅八 波唎輸底九 達摩底十 伽伽娜十一 莎訶其持
迦底十二 莎婆娑毗輸底十三 摩訶娜耶十四 波唎婆羅莎訶十五 若有自書寫教人書寫是無
量壽宗要經即是書寫八万四千部建立塔廟陀羅尼曰 南謨薄伽勃底一 阿波唎蜜多二
阿喻紇硯那三 須毗你悉指陀四 囉佐耶五 怛他羯他耶六 怛姪他唵七 薩婆桑悉迦羅八 波唎輸底九 達摩底十 伽迦
娜十一 莎訶其持迦底十二 莎婆娑毗輸底十三 摩訶娜耶十四 波唎婆唎莎訶十五

娜十一 莎訶某持他底十二 莎婆嚩毗輸底十三 摩訶娜耶十四 波唎婆唎莎訶十五

若有自書寫教人書寫是无量壽宗要經能消五无間等一切重罪陁羅尼曰 南謨薄伽勃底阿波唎蜜哆阿喻紇硯娜三 須毗你悉指陁四 囉佐耶五 怛他羯他耶六 怛姪他唵七 薩婆桑悉伽囉八 波唎輸底九 達摩底十 伽伽娜十一 莎訶某持他底十二 莎婆嚩毗輸底十三 摩訶娜耶十四 波唎婆囉莎訶十五

若有自書寫教人書寫是无量壽宗要經受持讀誦設有重罪猶如須彌盡能除滅陁羅尼曰 南謨薄伽勃底阿波唎蜜哆阿喻紇硯娜三 須毗你悉指陁四 囉佐耶五 怛他羯他耶六 怛姪他唵七 薩婆桑悉伽囉八 波唎輸底九 達摩底十 伽伽娜十一 莎訶某持他底十二 莎婆嚩毗輸底十三 摩訶娜耶 波唎婆囉莎訶十五

若有自書寫教人書寫是无量壽宗要經受持讀誦若魔魔之眷屬夜叉羅刹不得其便終无枉死陁羅尼曰 南謨薄伽勃底阿波唎蜜哆阿喻紇硯娜三 須毗你悉指陁四 囉佐耶五 怛他羯他耶六 怛姪他唵七 薩婆桑悉伽囉八 波唎輸底九 達摩底十 伽伽娜十一 莎訶某持他底十二 莎婆嚩毗輸底十三 摩訶娜耶十四 波唎婆囉莎訶十五

若有自書教人書寫是无量壽宗要經受持讀誦當命終時有九十九俱胝佛現其人前來千佛授手能遊一切佛刹莫於此經生於疑惑陁羅尼曰 南謨薄伽勃底阿波唎蜜哆阿喻紇硯娜三 須毗你悉指陁四 囉佐耶五 怛他羯他耶六 怛姪他唵七 薩婆桑悉伽囉八 波唎輸底九 達摩底十 伽伽娜十一 莎訶某持他底十二 莎婆嚩毗輸底十三 摩訶娜耶十四 波唎婆囉莎訶十五

若有自書寫教人書寫是无量宗要經受持讀誦常得四天大王隨其衛護陁羅尼曰

南謨薄伽勃底一阿波唎蜜多二阿喻紇硯娜三須毗你悉指陀四囉佐耶五怛他羯他耶六怛姪他唵七薩婆桑
悉伽囉八波唎輸底九達摩底十伽迦娜十一莎訶某持迦底十二莎婆婆毗輸底十三摩訶娜耶十四波唎婆羅
莎訶十五　若有自書教人書寫是无量壽宗要經受持讀誦當得往生西方極樂世界阿
彌陀淨土陀羅尼曰　南謨薄伽勃底一阿波唎蜜多二阿喻紇硯娜三須毗你悉指陀四囉佐耶五怛他
羯他耶六怛姪他唵七薩婆桑悉伽囉八波唎輸底九達摩底十伽迦娜十一莎訶某持迦底十二莎婆婆毗輸底
摩訶娜耶十四波唎婆羅莎訶十五　若有自書寫使人書寫是无量壽經典之處即為是塔
皆應恭敬作禮若是畜生或為鳥獸得聞是經如是等類皆當不久得成一切種智陀羅尼曰
南謨薄伽勃底一阿波唎蜜多二阿喻紇硯娜三須毗你悉指陀四囉佐耶五怛他羯他耶六怛姪他唵七薩婆桑悉伽
囉八波唎輸底九達摩底十伽迦娜十一莎訶某持迦底十二莎婆婆毗輸底十三摩訶娜耶十四波唎婆羅莎
訶十五　若有於是无量壽經典自書寫使人書畢竟不受女人之身陀羅尼曰
南謨薄伽勃底一阿波唎蜜多二阿喻紇硯娜三須毗你悉指陀四囉佐耶五怛他羯他耶六怛姪他
唵七薩婆桑悉伽囉八波唎輸底九達摩底十伽迦娜十一莎訶某持迦底十二莎婆婆毗輸底十三
摩訶娜耶十四波唎婆羅莎訶十五　若有能於是經少分能惠施者等於三千大
千世界滿中七寶布施陀羅尼曰　南謨薄伽勃底一阿波唎蜜多二阿喻紇硯娜三
須毗你悉指陀四囉佐耶五怛他羯他耶六怛姪他唵七薩婆達悉伽囉八波唎輸底九達摩底十伽
伽娜十一莎訶某持迦底十二莎婆婆毗輸底十三摩訶娜耶十四波唎婆羅莎訶十五

須毗你悉栺陁四囉佉耶五怛他羯他耶六怛姪他唵七薩婆桑悉迦囉八波唎輸底九達摩底十伽
伽娜十一莎訶某持伽底十二莎婆婆毗輸底十三摩訶娜耶十四波唎婆羅莎訶十五
若有供養是經者則是供養一切諸經等无有異陁羅尼曰
南謨薄伽勃底一阿波唎蜜哆二阿喻紇硯娜三須毗你悉栺陁四囉佉耶五怛他羯他耶六怛姪他唵七薩婆
桑悉迦囉八波唎輸底九達摩底十伽伽娜十一莎訶某持伽底十二莎婆婆毗輸底十三摩訶娜耶十四波唎婆羅莎
訶十五　如是毗婆尸佛尸弃佛毗舍浮佛拘留孫佛俱那含牟尼佛迦葉佛釋迦牟尼佛　若有
人以七寶供養如是七佛其福有限書寫受持是无量壽經典所有功德不可限量陁羅尼曰
南謨薄伽勃底一阿波唎蜜多二阿喻紇硯娜三須毗你悉栺陁四囉佉耶五怛他羯他耶六怛姪他唵七薩婆桑
悉迦囉八波唎輸底九達摩底十伽伽娜十一莎訶某持伽底十二莎婆婆毗輸底十三摩訶娜耶十四波唎婆
唎莎訶十五　若有七寶等於須弥以用布施其福上能知其限量是无量壽經典其福
不可知數陁羅尼曰　南謨薄伽勃底一阿波唎蜜多二阿喻紇硯娜三須毗你悉栺陁囉佉耶五
怛他羯他耶六怛姪他唵七薩婆桑悉迦囉八波唎輸底九達摩底十伽伽娜十一莎訶某持伽底十二莎
婆婆毗輸底十三摩訶娜耶十四波唎婆羅莎訶十五　如是四大海水可知滴數是无量壽
經典所生果報不可數量陁羅尼曰　南謨薄勃底一阿喻紇硯娜三須毗你悉栺陁四囉佉耶五怛他羯他
耶六怛姪他唵七薩婆桑悉迦囉八波唎輸底九達摩底十伽伽娜十一莎訶某持伽底十二莎婆婆毗輸底十三
摩訶娜耶十四波利娑羅莎訶十五　若有人自書使人書寫是无量壽經典又能讀持供養

即如來敬供養一切十方佛土如來無有異陀羅尼曰

南謨薄伽勃底一 阿波唎蜜多二 阿喻紇硯娜三 須毗你悉指陀四 囉佐耶五 怛他羯他耶六 怛姪他唵七

薩婆桑悉迦囉八 波唎輸底九 達摩底十 伽伽娜十一 莎訶其持此底十二 薩婆婆毗輸底十三 摩訶

娜耶 波唎婆羅 莎訶十五

布施力能成正覺 悟布施力能師子 布施力能聲善聞 慈悲階衛最能入

持戒力能成正覺 悟持戒力人師子 持戒力能聲善聞 慈悲階衛最能入

忍辱力能成正覺 悟忍辱力人師子 忍辱力能聲善聞 慈悲階衛最能入

精進力能成正覺 悟精進力人師子 精進力能聲善聞 慈悲階衛最能入

禪定力能成正覺 悟禪定力人師子 禪定力能聲善聞 慈悲階衛最能入

智慧力能成正覺 悟智慧力人師子 智慧力能聲善聞 慈悲階衛最能入

爾時如來說是經已一切世間天人阿脩羅揵闥婆等聞佛所說皆大歡喜信受奉行

佛說無量壽宗要經

賢文達

辛巳年四月十五日立契

BD00450Av 雜寫

BD00450B 七階佛名經

（隋）信行 撰

BD00450Bv 雜寫

107.6cm × 30.5cm

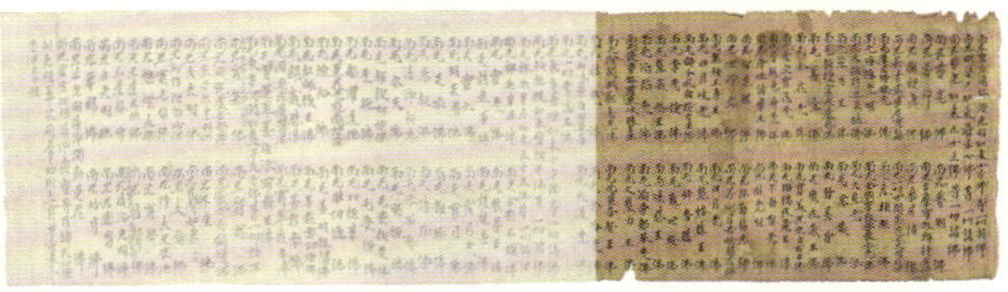

南无東方須弥燈光明如來十方佛等一切諸佛
南无毗婆尸如来過去七佛等一切諸佛
南无普光如来五十三佛等一切諸佛
南无普光佛　南无普明佛
南无普淨佛　南无多摩羅跋栴檀香佛
南无栴檀光佛　南无摩尼幢佛
南无歡喜藏摩尼寶積佛　南无一切世間樂見上大精進佛
南无摩尼幢燈光佛　南无惠炬照佛
南无海德光明佛　南无金剛牢强普散金光佛
南无大强精進勇猛佛　南无大悲光佛
南无慈力王佛　南无慈藏佛
南无栴檀窟莊嚴勝佛　南无賢善首佛
南无善意佛　南无廣莊嚴王佛
南无金花光佛　南无寶蓋照空自在王佛
[illegible]

南无金花光佛
南无虚空寶花光佛
南无普現色身光佛
南无降伏諸魔王佛
南无智惠勝佛
南无世淨光佛
南无龍種上尊王佛
南无日月殊光佛
南无師子吼自在力王佛
南无常光幢佛
南无慧威燈王佛
南无須弥光佛
南无優曇鉢羅華殊勝王佛
南无阿閦毗歡喜光佛

南无寶蓋照空自在王佛
南无瑠璃莊嚴王佛
南无不動智光佛
南无財光明佛
南无弥勒仙光佛
南无善寂月音妙勝王稱佛
南无日月光佛
南无慧幡勝王佛
南无妙音勝佛
南无觀世燈佛
南无法勝王佛
南无須勇郍華光佛
南无大慧力王佛
南无无量音聲王佛

南无阿閦毗歡喜光佛　南无无量音聲王佛
南无財光佛　南无金海光佛
南无山海慧自在通王佛　南无大通光佛
南无一切常滿王佛
南无東方善德如來十方佛等一切諸佛
南无拘那提如來賢劫千佛等一切諸佛
南无釋迦牟尼如來三十五佛等一切諸佛
南无釋迦牟尼佛　南无金剛不壞佛
南无寶光佛　南无龍尊王佛
南无精進軍佛　南无精進喜佛
南无寶火佛　南无寶月光佛
南无現无愚佛　南无寶月佛
南无无垢佛　南无離垢佛
南无勇施佛　南无清淨佛
南无清淨施佛　南无娑留那佛

南无勇施佛　南无清淨佛
南无清淨施佛　南无娑留那佛
南无水天佛　南无堅德佛
南无栴檀功德佛　南无无量掬光佛
南无光德佛　南无无憂德佛
南无那羅延佛　南无功德華佛
南无蓮花光遊戲神通佛　南无財功德佛
南无德念佛　南无善明稱功德佛
南无紅燄幢王佛　南无善遊步功德佛
南无鬪戰勝佛　南无善遊步佛
南无周迊莊嚴功德佛　南无寶華遊步佛
南无寶蓮華善住娑羅樹王佛
南无東方阿閦如來一万五千佛等一切諸佛
南无普集如來三十五佛等一切諸佛
南无寶集佛　南无寶勝佛
南无成就盧舍那佛　南无盧舍那鏡像佛

南无成就盧舍那佛　南无盧舍那鏡像佛
南无盧舍那光明佛　南无不動重佛
南无大光明佛　南无无聲如來　三說
南无阿弥陁劬少佛　南无大荘佛
南无寶光明佛　南无得大无畏佛
南无燃燈火佛　南无寶聲佛
南无无邊无垢佛　南无閻聲佛（南无日月光明世尊諸　南无无垢光明）
南无无邊荘佛　南无清淨光明佛
南无日光明佛　南无无邊寶佛
南无華勝佛　南无妙身佛
南无法光明清淨開敷蓮花佛
南无虛空功德清淨微塵等目端正功德
相光明華波頭摩琉璃光寶體香最上
香供養訖

南无大見佛　南无大智慧佛

南无寶幢佛

BD00451

妙法蓮華經卷六

（後秦）鳩摩羅什 譯

228.9cm × 25cm

世
是
珞燒香末香
之香如是等種種諸物供
國城妻子布施亦所不及善
之施於諸施中㝡尊㝡上以法供養諸如來
故作是語已而各嘿然其身火然千二百歲
過是已後其身乃盡一切衆生憙見菩薩作
如是法供養已命終之後復生日月淨明德
佛國中於淨德王家結跏趺坐忽然化生即
為其父而說偈言
大王今當知　我經行彼處　即時得一切　現諸身三昧
勤行大精進　捨所愛之身
說是偈已而白父言日月淨明德佛今故現

在我先供養佛已得解一切衆生語言陁羅
尼復聞是法華經八百千万億那由他甄迦
羅頻婆羅阿閦婆等偈大王我今當還供養
此佛白已即坐七寶之臺上昇虛空高七多
羅樹往到佛所頭面礼足合十指爪以偈讚
佛
容顏甚奇妙　光明照十方　我適曾供養　今復還親近
尒時一切衆生憙見菩薩說是偈已而白佛
言世尊世尊猶故在世尒時日月淨明德佛
告一切衆生憙見菩薩善男子我涅槃時到
滅盡時至汝可安施床座我於今夜當般涅
槃又勅一切衆生憙見菩薩善男子我以佛
法囑累於汝及諸菩薩大弟子并阿耨多羅
三藐三菩提法亦以三千大千七寶世界諸
寶樹寶臺及給侍諸天悉付於汝我滅度後

三藐三菩提法亦以三千大千七寶世界諸
寶樹寶臺及給侍諸天悉付於汝我滅度後
所有舍利亦付囑汝當令流布廣設供養應
起若干千塔如是日月淨明德佛勅一切眾
生憙見菩薩已於夜後分入於涅槃尒時一
切眾生憙見菩薩見佛滅度悲感懊惱戀慕
於佛即以海此岸栴檀為𧂐供養佛身而以
燒之火滅已後收取舍利作八万四千寶瓶
以起八万四千塔高三世界表剎莊嚴垂諸
幡蓋懸眾寶鈴尒時一切眾生憙見菩薩復
自念言我雖作是供養心猶未足我今當更
供養舍利便語諸菩薩大弟子及天龍夜叉
等一切大眾汝等當一心念我今供養日月
淨明德佛舍利作是語已即於八万四千塔
前燃百福莊嚴臂七万二千歲而以供養令

无數求聲聞衆无量阿僧祇人發阿耨多羅
三藐三菩提心皆使得住現一切色身三昧
尒時諸菩薩天人阿脩羅等見其无臂憂惱
悲哀而作是言此一切衆生憙見菩薩是我
等師教化我者而今燒臂身不具足于時一
切衆生憙見菩薩於大衆中立此誓言我捨
兩臂必當得佛金色之身若實不虛令我兩
臂還復如故作是誓已自然還復由斯菩薩
福德智慧淳厚所致當尒之時三千大千世
界六種震動天雨寶華一切人天得未曾有
佛告宿王華菩薩於汝意云何一切衆生憙
見菩薩豈異人乎今藥王菩薩是也其所捨
身布施如是无量百千万億那由他數宿王
華若有發心欲得阿耨多羅三藐三菩提者
能然手指乃至足一指供養佛塔勝以國城

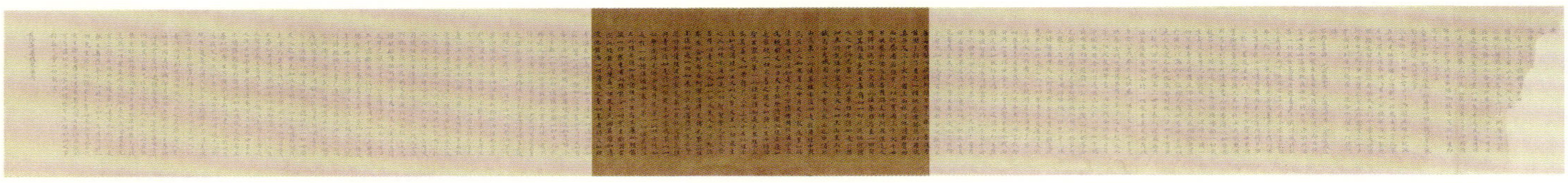

華若有發心欲得阿耨多羅三藐三菩提者
能燃手指乃至足一指供養佛塔勝以國城
妻子及三千大千國土山林河池諸珎寶物
而供養者若復有人以七寶滿三千大千世
界供養於佛及大菩薩辟支佛阿羅漢是人
所得功德不如受持此法華經乃至一四句
偈其福㝡多宿王華譬如一切川流江河諸
水之中海為第一此法華經亦復如是於諸
如来所說經中㝡為深大又如土山黑山小
鐵圍山大鐵圍山及十寶山衆山之中須弥
山為第一此法華經亦復如是於諸經中㝡
為其上又如衆星之中月天子㝡為第一此
法華經亦復如是於千万億種諸經法中㝡
為照明又如日天子能除諸闇此經亦復如
是能破一切不善之闇又如諸小王中轉輪

聖王冣為第一此經亦復如是於衆經中冣
為其尊又如帝釋於三十三天中王此經亦
復如是諸經中王又如大梵天王一切衆生
之父此經亦復如是一切賢聖學无學及發
菩薩心者之父又如一切凡夫人中須陁洹
斯陁含阿那含阿羅漢辟支佛為第一此經
亦復如是一切如來所說若菩薩所說若聲
聞所說諸經法中冣為第一有能受持是經
典者亦復如是於一切衆生中亦為第一一
切聲聞辟支佛中菩薩為第一此經亦復如
是於一切諸經法中冣為第一如佛為諸法
王此經亦復如是諸經中王宿王華此經能
救一切衆生者此經能令一切衆生離諸苦
惱此經能大饒益一切衆生充滿其願如清
涼池能滿一切諸渴乏者如寒者得火如裸

惱此經能大饒益一切眾生充滿其願如清
涼池能滿一切諸渴乏者如寒者得火如裸
者得衣如商人得主如子得母如渡得船如
病得醫如暗得燈如貧得寶如民得王如賈
客得海如炬除暗此法華經亦復如是能令
眾生離一切苦一切病痛能解一切生死之
縛若人得聞此法華經若自書若使人書所
得功德以佛智慧籌量多少不得其邊若書
是經卷華香瓔珞燒香末香塗香幡蓋衣服
種種之燈穌燈油燈諸香油燈瞻蔔油燈須
曼油燈波羅羅油燈婆利師迦油燈那婆摩
利油燈供養所得功德亦復无量宿王華若
有人聞是藥王菩薩本事品者亦得无量无
邊功德若有女人聞是藥王菩薩本事品能
受持者盡是女身後不復受若如來滅後後

五百歲中若有女人聞是經典如說脩行於
此命終即往安樂世界阿弥陀佛大菩薩衆
圍繞住處生蓮華中寶座之上不復為貪欲
所惱亦復不為瞋恚愚癡所惱亦復不為憍
慢嫉妬諸垢所惱得菩薩神通无生法忍得
是忍已眼根清淨以是清淨眼根見七百万
二千億那由他恒河沙等諸佛如來是時諸
佛遥共讚言善哉善哉善男子汝能於釋迦
牟尼佛法中受持讀誦思惟是經為他人說
所得福德无量无邊火不能燒水不能漂汝
之功德千佛共說不能令盡汝今已能破諸
魔賊壞生死軍諸餘怨敵皆悉摧滅善男子
百千諸佛以神通力共守護汝於一切世間
天人之中无如汝者唯除如來其諸聲聞辟
支佛乃至菩薩智慧禪定无有與汝等者宿

支佛乃至菩薩智慧禪定无有與汝等者宿
王華此菩薩成就如是功德智慧之力若有
人聞是藥王菩薩本事品能隨喜讚善者是
人現世口中常出青蓮華香身毛孔中常出
牛頭栴檀香所得功德如上所說是故宿王
華以此藥王菩薩本事品囑累於汝我滅度
後後五百歲中廣宣流布於閻浮提无令斷
絶惡魔魔民諸天龍夜叉鳩槃荼等得其便
也宿王華汝當以神通之力守護是經所以
者何此經則為閻浮提人病之良藥若人有
病得聞是經病即消滅不老不死宿王華汝
若見有受持是經者應以青蓮華盛滿末香
供散其上散已作是念言此人不久必當取
草坐於道場破諸魔軍當吹法螺擊大法鼓
度脫一切衆生老病死海是故求佛道者見

有受持是經典人，應當如是生恭敬心。說是
藥王菩薩本事品時，八万四千菩薩得解一
切衆生語言陁羅尼。多寶如來於寶塔中讚
宿王華菩薩言：善哉善哉！宿王華，汝成就不
可思議功德，乃能問釋迦牟尼佛如此之事，
利益无量一切衆生。

妙法蓮華經卷第六

BD00452

大般若波羅蜜多經卷二二

（唐）玄奘 譯

847.5cm × 25cm

即……四无碍解十八佛
增語是菩薩摩訶薩不不也世尊
有十力若增語是菩薩摩訶薩不不也世
尊即四无所畏四无碍解十八佛不共法若
增語是菩薩摩訶薩不不也世尊即佛十力
我增語是菩薩摩訶薩不不也世尊即四
畏四无碍解十八佛不共法我增語是菩
薩摩訶薩不不也世尊即佛十力无我增語
是菩薩摩訶薩不不也世尊即四无所畏四
無碍解十八佛不共法無我增語是菩薩摩
訶薩不不也世尊即佛十力淨增語是菩薩
摩訶薩不不也世尊即四无所畏四无碍解
十八佛不共法淨增語是菩薩摩訶薩不不
也世尊即佛十力不淨增語是菩薩摩訶薩

不不也世尊即四无所畏四无礙解十八佛
不共法不淨增語是菩薩摩訶薩不不也世
尊即佛十力空增語是菩薩摩訶薩不不也
世尊即四无所畏四无礙解十八佛不共法
空增語是菩薩摩訶薩不不也世尊即佛十
力不空增語是菩薩摩訶薩不不也世尊即
四无所畏四无礙解十八佛不共法不空增
語是菩薩摩訶薩不不也世尊即佛十力有
相增語是菩薩摩訶薩不不也世尊即四无
所畏四無礙解十八佛不共法有相增語是
菩薩摩訶薩不不也世尊即佛十力无相增
語是菩薩摩訶薩不不也世尊即四无所畏
四无礙解十八佛不共法无相增語是菩薩
摩訶薩不不也世尊即佛十力有願增語是
菩薩摩訶薩不不也世尊即四无所畏四无

BD00452　大般若波羅蜜多經卷二二

菩薩摩訶薩不不也世尊即四无所畏四无
礙解十八佛不共法有願增語是菩薩摩訶
薩不不也世尊即佛十力无願增語是菩薩
摩訶薩不不也世尊即四无所畏四无礙解
十八佛不共法无願增語是菩薩摩訶薩不
不也世尊即佛十力寂靜增語是菩薩摩訶
薩不不也世尊即四無所畏四無礙解十八
佛不共法寂靜增語是菩薩摩訶薩不不也
世尊即佛十力不寂靜增語是菩薩摩訶薩
不不也世尊即四无所畏四无礙解十八佛不
共法不寂靜增語是菩薩摩訶薩不不也
世尊即佛十力遠離增語是菩薩摩訶薩不
不也世尊即四无所畏四无礙解十八佛不
共法遠離增語是菩薩摩訶薩不不也世尊
即佛十力不遠離增語是菩薩摩訶薩不不

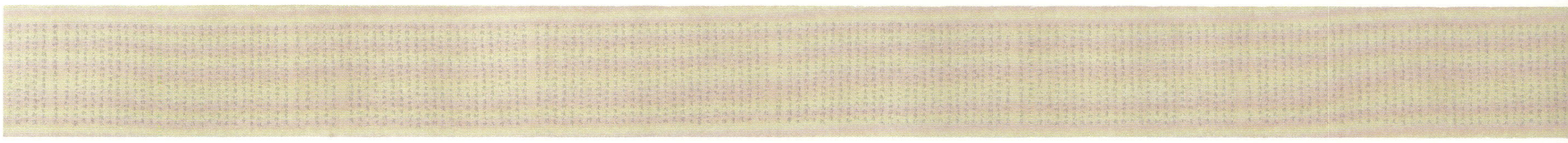

也世尊即四無所畏四无礙解十八佛不共法
法不遠離增語是菩薩摩訶薩不不也世尊
即佛十力有為增語是菩薩摩訶薩不不也
世尊即四无所畏四无礙解十八佛不共法有
為增語是菩薩摩訶薩不不也世尊即佛
十力無為增語是菩薩摩訶薩不不也世尊
即四无所畏四无礙解十八佛不共法无為增
增語是菩薩摩訶薩不不也世尊即佛十力
有漏增語是菩薩摩訶薩不不也世尊即四
无所畏四无無礙解十八佛不共法有漏增語
是菩薩摩訶薩不不也世尊即佛十力無漏
增語是菩薩摩訶薩不不也世尊即四无所畏
四无礙解十八佛不共法无漏增語是菩薩
摩訶薩不不也世尊即佛十力生增語是菩
薩摩訶薩不不也世尊即四无所畏四无

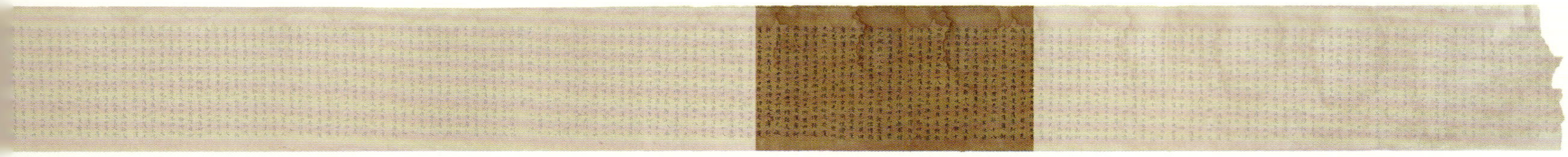

摩訶薩不不也世尊即佛十力生增語是菩
薩摩訶薩不不也世尊即四无所畏四无
礙解十八佛不共法生增語是菩薩摩訶薩
不不也世尊即佛十力滅增語是菩薩摩訶
薩不不也世尊即四无所畏四无礙解十八
佛不共法滅增語是菩薩摩訶薩不不也世
尊即佛十力善增語是菩薩摩訶薩不不也
世尊即四无所畏四无礙解十八佛不共法善
善增語是菩薩摩訶薩不不也世尊即佛十
力非善增語是菩薩摩訶薩不不也世尊即
四無所畏四无礙解十八佛不共法非善增語
是菩薩摩訶薩不不也世尊即佛十力有罪
增語是菩薩摩訶薩不不也世尊即四無
所畏四无礙解十八佛不共法有罪增語是
菩薩摩訶薩不不也世尊即佛十力無罪增

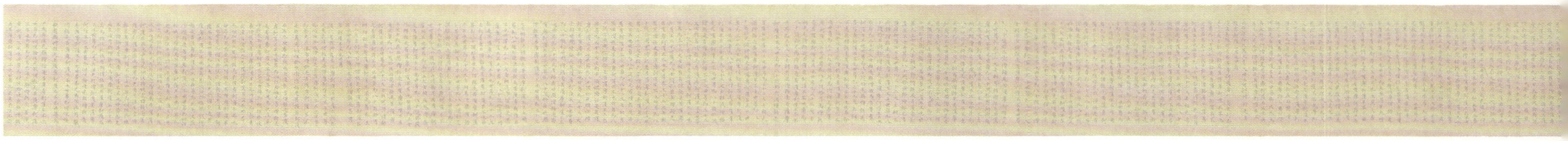

語是菩薩摩訶薩不不也世尊即四无所畏
四无礙解十八佛不共法无罪增語是菩薩
摩訶薩不不也世尊即佛十力有煩惱增語
是菩薩摩訶薩不不也世尊即四无所畏四
無礙解十八佛不共法有煩惱增語是菩薩
摩訶薩不不也世尊即佛十力无煩惱增語
是菩薩摩訶薩不不也世尊即四无無所畏四
无礙解十八佛不共法无煩惱增語是菩薩
摩訶薩不不也世尊即佛十力世間增語是
菩薩摩訶薩不不也世尊即四无所畏四无
礙解十八佛不共法世間增語是菩薩摩訶
菩不不也世尊即佛十力出世間增語是菩
薩摩訶薩不不也世尊即四无所畏四无礙
解十八佛不共法出世間增語是菩薩摩訶
薩不不也世尊即佛十力雜染增語是菩薩

BD00452 大般若波羅蜜多經卷二二

薩不不也世尊即佛十力雜染增語是菩薩
摩訶薩不不也世尊即四无所畏四无礙解
十八佛不共法雜染增語是菩薩摩訶薩不
不也世尊即佛十力清淨增語是菩薩摩訶
薩不不也世尊即四无所畏四无礙解十八
佛不共法清淨增語是菩薩摩訶薩不不也
世尊即佛十力屬生死增語是菩薩摩訶薩
不不也世尊即四无所畏四无礙解十八佛
不共法屬生死增語是菩薩摩訶薩不不也
世尊即佛十力屬涅槃增語是菩薩摩訶薩
不不也世尊即四无所畏四无礙解十八佛
不共法屬涅槃增語是菩薩摩訶薩不不也
世尊即佛十力在內增語是菩薩摩訶薩不
不也世尊即四无所畏四无礙解十八佛不
共法在內增語是菩薩摩訶薩不不也世尊

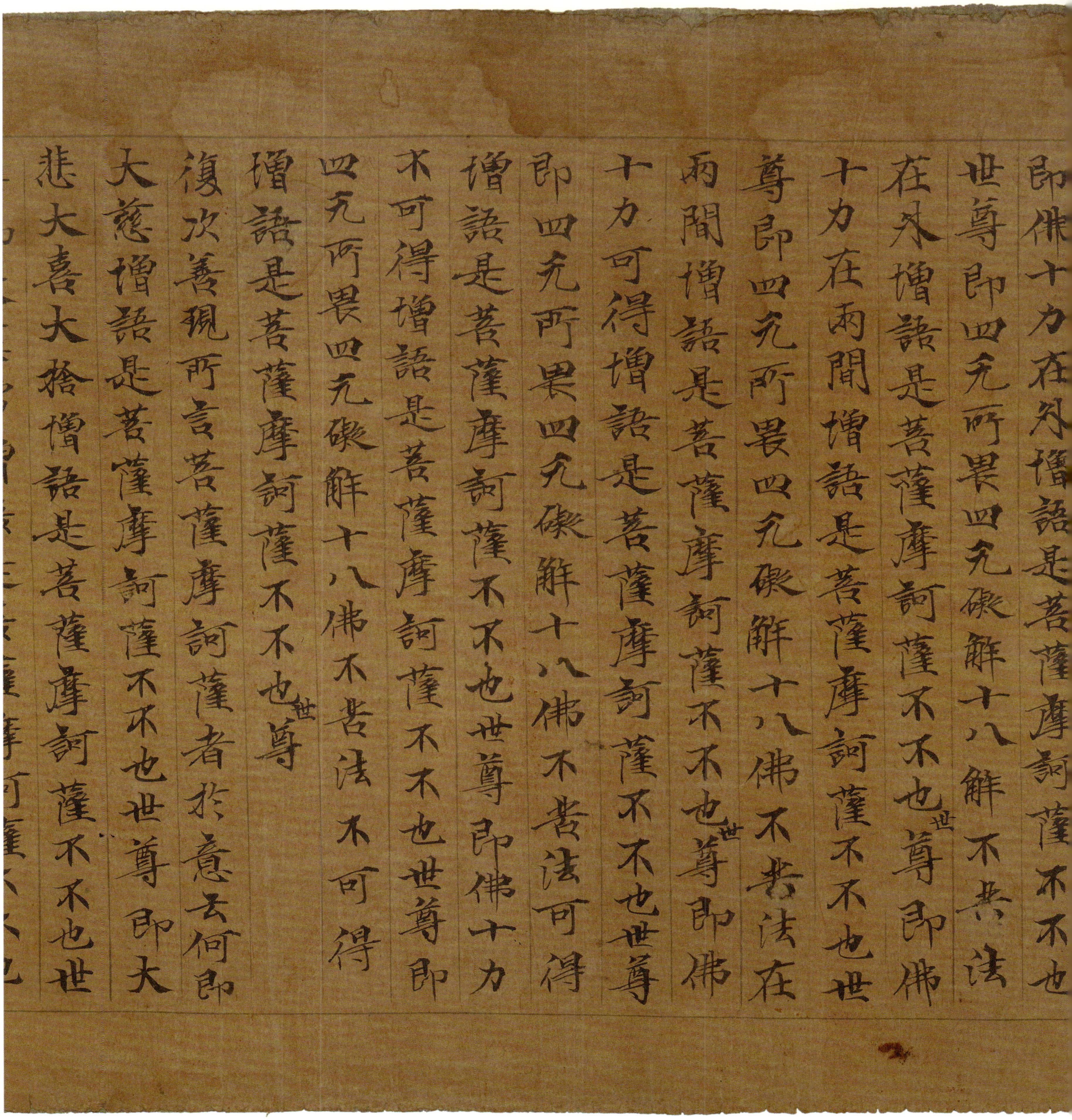

即佛十力在外增語是菩薩摩訶薩不不也
世尊即四无所畏四无礙解十八解不共法
在外增語是菩薩摩訶薩不不也世尊即佛
十力在兩間增語是菩薩摩訶薩不不也世
尊即四无所畏四无礙解十八佛不共法在
兩間增語是菩薩摩訶薩不不也世尊即佛
十力可得增語是菩薩摩訶薩不不也世尊
即四无所畏四无礙解十八佛不共法可得
增語是菩薩摩訶薩不不也世尊即佛十力
不可得增語是菩薩摩訶薩不不也世尊即
四无所畏四无礙解十八佛不共法不可得
增語是菩薩摩訶薩不不也世尊
復次善現所言菩薩摩訶薩者於意云何即
大慈增語是菩薩摩訶薩不不也世尊即大
悲大喜大捨增語是菩薩摩訶薩不不也世

BD00452　大般若波羅蜜多經卷二二

悲大喜大捨增語是菩薩摩訶薩不不也世
尊即大慈常增語是菩薩摩訶薩不不也
世尊即大悲大喜大捨常增語是菩薩摩訶薩
不不也世尊即大慈无常增語是菩薩摩訶
薩不不也世尊即大悲大喜大捨无常增語
是菩薩摩訶薩不不也世尊即大慈樂增語
是菩薩摩訶薩不不也世尊即大悲大喜大
捨樂增語是菩薩摩訶薩不不世也尊即大
慈苦增語是菩薩摩訶薩不不也世尊即大
悲大喜大捨苦增語是菩薩摩訶薩不不也
世尊即大慈我增語是菩薩摩訶薩不不也
世尊即大悲大喜大捨我增語是菩薩摩訶
薩不不也世尊即大慈无无我增語是菩薩摩
訶薩不不也世尊即大悲大喜大捨无我增
語是菩薩摩訶薩不不也世尊即大慈淨增

語是菩薩摩訶薩不不也世尊即大悲大喜
大捨淨增語是菩薩摩訶薩不不也世尊即
大慈不淨增語是菩薩摩訶薩不不也世尊
即大悲大喜大捨不淨增語是菩薩摩訶薩
不不也世尊即大慈空增語是菩薩摩訶薩
不不也世尊即大悲大喜大捨空增語是菩
薩摩訶薩不不也世尊即大慈不空增語是
菩薩摩訶薩不不也世尊即大悲大喜大捨
不空增語是菩薩摩訶薩不不也世尊即大
慈有相增語是菩薩摩訶薩不不也世尊即
大悲大喜大捨有相增語是菩薩摩訶薩不
不也世尊即大慈無相增語是菩薩摩訶薩
不不也世尊即大悲大喜大捨无相增語是
菩薩摩訶薩不不也世尊即大慈有願增語
是菩薩摩訶薩不不也世尊即大悲大喜大

是菩薩摩訶薩不不也世尊即大悲大喜大
捨有願增語是菩薩摩訶薩不不也世尊即
大慈無願增語是菩薩摩訶薩不不也世尊
即大悲大喜大捨无願增語是菩薩摩訶薩
不不也世尊即大慈寂靜增語是菩薩摩訶
薩不不也世尊即大悲大喜大捨寂靜增語
是菩薩摩訶薩不不也世尊即大慈不寂靜
增語是菩薩摩訶薩不不也世尊即大悲大
喜大捨不寂靜增語是菩薩摩訶薩不不也
世尊即大慈遠離增語是菩薩摩訶薩不不
也世尊即大悲大喜大捨遠離增語是菩薩
摩訶薩不不也世尊即大慈不遠離增語是
菩薩摩訶薩不不也世尊即大悲大喜大捨
不遠離增語是菩薩摩訶薩不不也世尊即
大慈有為增語是菩薩摩訶薩不不也世尊

即大悲大喜大捨有為增語是菩薩摩訶薩
不不也世尊即大慈无為增語是菩薩摩訶
薩不不也世尊即大悲大喜大捨无為增語
是菩薩摩訶薩不不也世尊即大慈有漏增
語是菩薩摩訶薩不不也世尊即大悲大喜
大捨有漏增語是菩薩摩訶薩不不也世尊
即大慈无漏增語是菩薩摩訶薩不不也世
尊即大悲大喜大捨无漏增語是菩薩摩訶
薩不不也世尊即大慈生增語是菩薩摩訶
薩不不也世尊即大悲大喜大捨生增語是
菩薩摩訶薩不不也世尊即大慈滅增語是
菩薩摩訶薩不不也世尊即大悲大喜大捨
滅增語是菩薩摩訶薩不不也世尊即大慈
善增語是菩薩摩訶薩不不也世尊即大悲
大喜大捨善增語是菩薩摩訶薩不不也世

BD00452　大般若波羅蜜多經卷二二

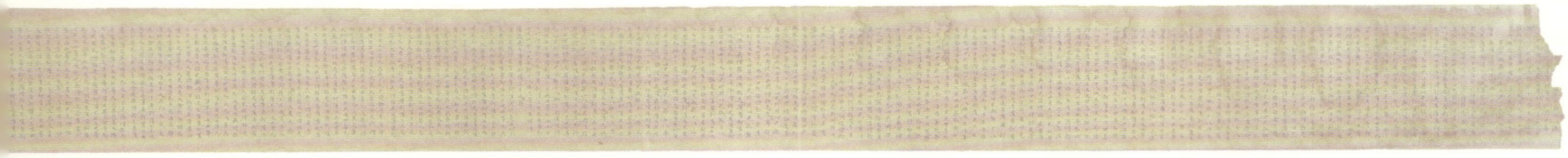

大喜大捨善增語是菩薩摩訶薩不不也世
尊即大慈非善增語是菩薩摩訶薩不不也
世尊即大悲大喜大捨非善增語是菩薩摩
訶薩不不也世尊即大慈有罪增語是菩薩
摩訶薩不不也世尊即大悲大喜大捨有罪
增語是菩薩摩訶薩不不也世尊即大慈無
罪增語是菩薩摩訶薩不不也世尊即大悲
大喜大捨无罪增語是菩薩摩訶薩不不也
世尊即大慈有煩惱增語是菩薩摩訶薩不
不也世尊即大悲大喜大捨有煩惱增語是
菩薩摩訶薩不不也世尊即大慈无煩惱增
語是菩薩摩訶薩不不也世尊即大悲大喜
大捨无煩惱增語是菩薩摩訶薩不不也世
尊即大慈世間增語是菩薩摩訶薩不不也
世尊即大悲大喜大捨世間增語是菩薩摩

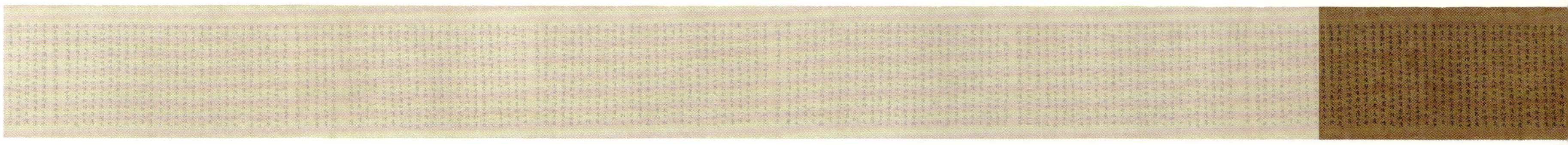

訶薩不不也世尊即大慈出世間增語是菩
薩摩訶薩不不也世尊即大悲大喜大捨出世
間增語是菩薩摩訶薩不不也世尊即大
慈雜染增語是菩薩摩訶薩不不也世尊即
大悲大喜大捨雜染增語是菩薩摩訶薩不
不也世尊即大慈清淨增語是菩薩摩訶薩
不不也世尊即大悲大喜大捨清淨增語是
菩薩摩訶薩不不也世尊即大慈屬生死增
語是菩薩摩訶薩不不也世尊即大悲大喜
大捨屬生死增語是菩薩摩訶薩不不也世
尊即大慈屬涅槃增語是菩薩摩訶薩不不
也世尊即大悲大喜大捨屬涅槃增語是菩
薩摩訶薩不不也世尊即大慈在內增語是
菩薩摩訶薩不不也世尊即大悲大喜大捨
在內增語是菩薩摩訶薩不不也世尊即大

在内增語是菩薩摩訶薩不不也世尊即大
慈在外增語是菩薩摩訶薩不不也世尊即
大悲大喜大捨在外增語是菩薩摩訶薩不
不也世尊即大慈在兩間增語是菩薩摩訶
薩不不也世尊即大悲大喜大捨在兩間增
語是菩薩摩訶薩不不也世尊即大慈可得
增語是菩薩摩訶薩不不也世尊即大悲大
喜大捨可得增語是菩薩摩訶薩不不也世
尊即大慈不可得增語是菩薩摩訶薩不不
也世尊即大悲大喜大捨不可得增語是菩
薩摩訶薩不不也世尊
復次善現所言菩薩摩訶薩者於意云何即
三十二大士相增語是菩薩摩訶薩不不也
世尊即八十隨好增語是菩薩摩訶薩不不
也世尊即三十二大士相常增語是菩薩摩

訶薩不不也世尊即八十隨好常增語是菩薩
摩訶薩不不也世尊即三十二大士相无常
增語是菩薩摩訶薩不不也世尊即八十
隨好無常增語是菩薩摩訶薩不不也世尊
即三十二大士相樂增語是菩薩摩訶薩不
不也世尊即八十隨好樂增語是菩薩摩訶
薩不不也世尊即三十二大士相苦增語是
菩薩摩訶薩不不也世尊即八十隨好苦增
語是菩薩摩訶薩不不也世尊即三十二大
士相我增語是菩薩摩訶薩不不也世尊即
八十隨好我增語是菩薩摩訶薩不不也世
尊即三十二大士相无我增語是菩薩摩訶
薩不不也世尊即八十隨好无我增語是菩
薩摩訶薩不不也世尊即三十二大士相淨
增語是菩薩摩訶薩不不也世尊即八十隨

薩摩訶薩不不也世尊即三十二大士相淨
增語是菩薩摩訶薩不不也世尊即八十隨
好淨增語是菩薩摩訶薩不不也世尊即三
十二大士相不淨增語是菩薩摩訶薩不不
也世尊即八十隨好不淨增語是菩薩摩訶
薩不不也世尊即三十二大士相空增語是
菩薩摩訶薩不不也世尊即八十隨好空增
語是菩薩摩訶薩不不也世尊即三十二大
士相不空增語是菩薩摩訶薩不不也世尊
即八十隨好不空增語是菩薩摩訶薩不不
也世尊即三十二大士相有相增語是菩薩
摩訶薩不不也世尊即八十隨好有相增語
是菩薩摩訶薩不不也世尊即三十二大士
相无相增語是菩薩摩訶薩不不也世尊即
八十隨好无相增語是菩薩摩訶薩不不也

世尊即三十二大士相有願增語是菩薩摩
訶薩不不也世尊即八十隨好有願增語是菩
菩薩摩訶薩不不也世尊即三十二大士相
无願增語是菩薩摩訶薩不不也世尊即八
十隨好无願增語是菩薩摩訶薩不不也世
尊即三十二大士相寂靜增語是菩薩摩訶
薩不不也世尊即八十隨好寂靜增語是菩
薩摩訶薩不不也世尊即三十二大士相不
寂靜增語是菩薩摩訶薩不不也世尊即八
十隨好不寂靜增語是菩薩摩訶薩不不也
世尊即三十二大士相遠離增語是菩薩摩
訶薩不不也世尊即八十隨好遠離增語是
菩薩摩訶薩不不也世尊即三十二大士相
不遠離增語是菩薩摩訶薩不不也世尊即
八十隨好不遠離增語是菩薩摩訶薩不不
也世尊[illegible]

八十隨好不遠離增語是菩薩摩訶薩不不
也世尊即三十二大士相有為增語是菩薩
摩訶薩不不也世尊即八十隨好有為增語
是菩薩摩訶薩不不也世尊即三十二大士
相无為增語是菩薩摩訶薩不不也世尊即
八十隨好无為增語是菩薩摩訶薩不不也
世尊即三十二大士相有漏增語是菩薩摩
訶薩不不也世尊即八十隨好有漏增語是
菩薩摩訶薩不不也世尊即三十二大士相无
漏增語是菩薩摩訶薩不不也世尊即八
十隨好无漏增語是菩薩摩訶薩不不也世
尊即三十二大士相生增語是菩薩摩訶薩
不不也世尊即八十隨好生增語是菩薩摩
訶薩不不也世尊即三十二大士相滅增語

是菩薩摩訶薩不不也世尊即八十隨好滅
增語是菩薩摩訶薩不不也世尊即三十二
大士相善增語是菩薩摩訶薩不不也世尊
即八十隨好善增語是菩薩摩訶薩不不也
世尊即三十二大士相非善增語是菩薩摩
訶薩不不也世尊即八十隨好非善增語是
菩薩摩訶薩不不也世尊即三十二大士相
有罪增語是菩薩摩訶薩不不也世尊即八
十隨好有罪增語是菩薩摩訶薩不不也世
尊即三十二大士相无罪增語是菩薩摩訶
薩不不也世尊即八十隨好无罪增語是菩
薩摩訶薩不不也世尊即三十二大士相有
煩惱增語是菩薩摩訶薩不不也世尊即八
十隨好有煩惱增語是菩薩摩訶薩不不也
世尊即三十二大士相无煩惱增語是菩薩

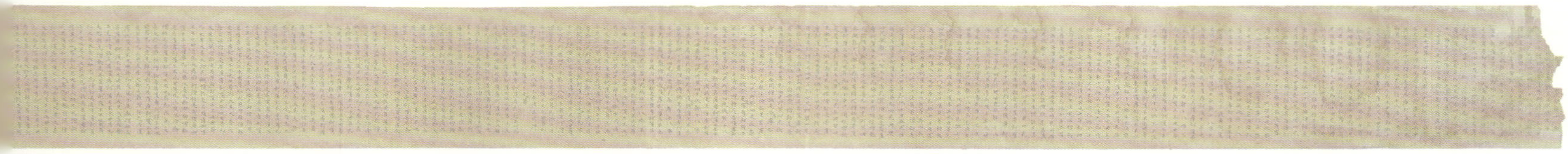

十隨好无煩惱增語是菩薩摩訶薩不不也
世尊即三十二大士相无煩惱增語是菩薩
摩訶薩不不也世尊即八十隨好无煩惱增
語是菩薩摩訶薩不不也世尊即三十二大
士相世間增語是菩薩摩訶薩不不也世尊
即八十隨好世間增語是菩薩摩訶薩不不
也世尊即三十二大士相出世間增語是菩
薩摩訶薩不不也世尊即八十隨好出世間
增語是菩薩摩訶薩不不也世尊即三十二
大士相雜染增語是菩薩摩訶薩不不也世
尊即八十隨好雜染增語是菩薩摩訶薩不
不也世尊即三十二大士相清淨增語是菩
薩摩訶薩不不也世尊即八十隨好清淨增
語是菩薩摩訶薩不不也世尊即三十二大
士相屬生死增語是菩薩摩訶薩不不也世

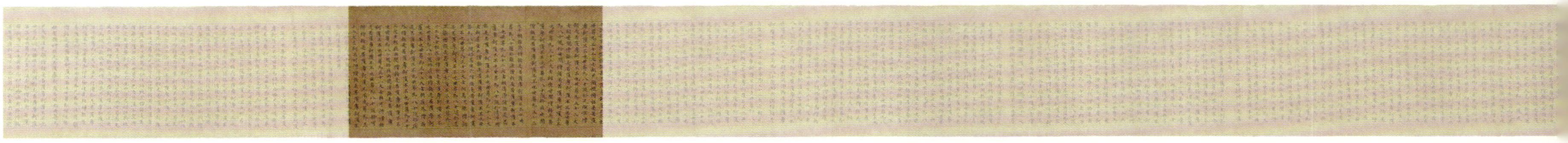

尊即八十隨好屬生死增語是菩薩摩訶薩
不不也世尊即三十二大士相屬涅槃增語
是菩薩摩訶薩不不也世尊即八十隨好屬
涅槃增語是菩薩摩訶薩不不也世尊即三
十二大士相在内增語是菩薩摩訶薩不不
也世尊即八十隨好在内增語是菩薩摩訶
薩不不也世尊即三十二大士相在外增語
是菩薩摩訶薩不不也世尊即八十隨好在
外增語是菩薩摩訶薩不不也世尊即三十
二大士相在兩閒增語是菩薩摩訶薩不不
也世尊即八十隨好在兩閒增語是菩薩摩
訶薩不不也世尊即三十二大士相可得增語
是菩薩摩訶薩不不也世尊即八十隨好可
得增語是菩薩摩訶薩不不也世尊即三
十二大士相不可得增語是菩薩摩訶薩不

BD00452　大般若波羅蜜多經卷二二

得增語是菩薩摩訶薩不不也世尊即三
十二大士相不可得增語是菩薩摩訶薩不
不也世尊即八十隨好不可得增語是菩薩
摩訶薩不不也世尊
復次善現所言菩薩摩訶薩者於意云何即
无忘失法增語是菩薩摩訶薩不不也世尊
即恒住捨性增語是菩薩摩訶薩不不也世尊
即無忘失法常增語是菩薩摩訶薩不不
也世尊即恒住捨性常增語是菩薩摩訶薩
不不也世尊即無忘失法無常增語是菩薩
摩訶薩不不也世尊即恒住捨性无常增語是
是菩薩摩訶薩不不也世尊即无忘失法樂
增語是菩薩摩訶薩不不也世尊即恒住捨性
樂增語是菩薩摩訶薩不不也世尊即無忘
失法苦增語是菩薩摩訶薩不不也世尊

即恒住捨性若增語是菩薩摩訶薩不不也
世尊即無忘失法我增語是菩薩摩訶薩不
不也世尊即恒住捨性我增語是菩薩摩訶
薩不不也世尊即無忘失法無我增語是菩
薩摩訶薩不不也世尊即恒住捨性無我增
語是菩薩摩訶薩不不也世尊即無忘失法
淨增語是菩薩摩訶薩不不也世尊即恒住
捨性淨增語是菩薩摩訶薩不不也世尊即
無忘失法不淨增語是菩薩摩訶薩不不也
世尊即恒住捨性不淨增語是菩薩摩訶薩
不不也世尊即无忘失法空增語是菩薩摩
訶薩不不也世尊即恒住捨性空增語是菩
薩摩訶薩不不也世尊即无忘失法不空增
語是菩薩摩訶薩不不也世尊即恒住捨性
不空增語是菩薩摩訶薩不不也世尊即无
忘失法有相增語是菩薩摩訶薩不不也世

不空增語是菩薩摩訶薩不不也世尊即无
忘失法有相增語是菩薩摩訶薩不不也世
尊即恒住捨性有相增語是菩薩摩訶薩不
不也世尊即无忘失法无相增語是菩薩摩
訶薩不不也世尊即恒住捨性无相增語是
菩薩摩訶薩不不也世尊即无忘失法有願
增語是菩薩摩訶薩不不也世尊即恒住捨
性有願增語是菩薩摩訶薩不不也世尊即
无忘失法无願增語是菩薩摩訶薩不不也
世尊即恒住捨性无願增語是菩薩摩訶薩
不不也世尊即无忘失法寂靜增語是菩薩
摩訶薩不不也世尊即恒住捨性寂靜增語
是菩薩摩訶薩不不也世尊即無忘失法不寂
靜增語是菩薩摩訶薩不不也世尊即恒

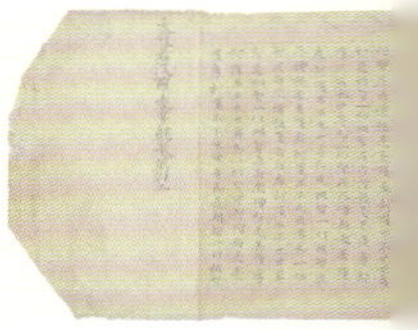

住捨性不寂靜增語是菩薩摩訶薩不不也
世尊即无忘失法遠離增語是菩薩摩訶薩
不不也世尊即恒住捨性遠離增語是菩薩
摩訶薩不不也世尊即无忘失法不遠離增
語是菩薩摩訶薩不不也世尊即恒住捨性
不遠離增語是菩薩摩訶薩不不也世尊即
无忘失法有為增語是菩薩摩訶薩不不也
世尊即恒住捨性有為增語是菩薩摩訶薩
不不也世尊即无忘失法无為增語是菩薩
摩訶薩不不也世尊即恒住捨性無為增語
是菩薩摩訶薩不不也世尊即无忘失法有
漏增語是菩薩摩訶薩不不也世尊即恒住
捨性有漏增語是菩薩摩訶薩不不也世尊
即无忘失法无漏增語是菩薩摩訶薩不不也
世尊即恒住捨性無漏增語是菩薩摩訶薩

BD00452　大般若波羅蜜多經卷二二

即无忘失法无漏增語是菩薩摩訶薩不不也
世尊即恒住捨性無漏增語是菩薩摩訶薩
不不也世尊即无忘失法生增語是菩薩摩
訶薩不不也世尊即恒住捨性生增語是菩
薩摩訶薩不不也世尊即无忘失法滅增語
是菩薩摩訶薩不不也世尊即恒住捨性滅
增語是菩薩摩訶薩不不也世尊即无忘失
法善增語是菩薩摩訶薩不不也世尊即恒住
捨性善增語是菩薩摩訶薩不不也世尊即
無忘失法非善增語是菩薩摩訶薩　不
不也世尊即恒住捨性非善增語是菩薩摩
訶薩不不也世尊即无忘失法有罪增語是
菩薩摩訶薩不不也世尊即恒住捨性有罪
增語是菩薩摩訶薩不不也世尊即无忘失
法无罪增語是菩薩摩訶薩不不也世尊即

恒住捨性无罪增語是菩薩摩訶薩不不也
世尊即无忘失法有煩惱增語是菩薩摩訶
薩不不也世尊即恒住捨性有煩惱增語是
菩薩摩訶薩不不也世尊即無忘失法无煩
惱增語是菩薩摩訶薩不不也世尊即恒住
捨性无煩惱增語是菩薩摩訶薩不不也世
尊即无忘失法世間增語是菩薩摩訶薩不
不也世尊即恒住捨性世間增語是菩薩摩
訶薩不不也世尊即无忘失法出世間增語
是菩薩摩訶薩不不也世尊即恒住捨性出
世間增語是菩薩摩訶薩不不也世尊即无
忘失法雜染增語是菩薩摩訶薩不不也世
尊即恒住捨性雜染增語是菩薩摩訶薩不
不也世尊即無忘失法清淨增語是菩薩摩
訶薩不不也世尊即恒住捨性清淨增語是

不也世尊即無忘失法清淨增語是菩薩摩
訶薩不不也世尊即恒住捨性清淨增語是
菩薩摩訶薩不不也世尊即无忘失法屬生
死增語是菩薩摩訶薩不不也世尊即恒住
捨性屬生死增語是菩薩摩訶薩不不也世
尊即无忘失法屬涅槃增語是菩薩摩訶薩
不不也世尊即恒住捨性屬涅槃增語是菩
薩摩訶薩不不也世尊即无忘失法在內增
語是菩薩摩訶薩不不也世尊即恒住捨性
在內增語是菩薩摩訶薩不不也世尊即无
忘失法在外增語是菩薩摩訶薩不不也世
尊即恒住捨性在外增語是菩薩摩訶薩不
不也世尊即无忘失法在兩間增語是菩薩
摩訶薩不不也世尊即恒住捨性在兩間增
語是菩薩摩訶薩不不也世尊即无忘失法

可得增語是菩薩摩訶薩不不也世尊即恒
住捨性可得增語是菩薩摩訶薩不不也世
尊即无忘失法不可得增語是菩薩摩訶薩
不不也世尊即恒住捨性不可得增語是菩
薩摩訶薩不不也世尊
復次善現所言菩薩摩訶薩者於意云何即
一切智增語是菩薩摩訶薩不不也世尊即
道相智一切相智增語是菩薩摩訶薩不不
也世尊即一切智常增語是菩薩摩訶薩不
不也世尊即道相智一切相智常增語是菩
薩摩訶薩不不也世尊即一切智无常增語
是菩薩摩訶薩不不也世尊即道相智一切
相智无常增語是菩薩摩訶薩不不也世尊
即一切智樂增語是菩薩摩訶薩不不也世
尊即道相智一切相智樂增語是菩薩摩訶

即一切智樂增語是菩薩摩訶薩不不也世
尊即道相智一切相智樂增語是菩薩摩訶
薩不不也世尊即一切智苦增語是菩薩摩
訶薩不不也世尊即道相智一切相智苦增
語是菩薩摩訶薩不不也世尊即一切智我
增語是菩薩摩訶薩不不也世尊即道相智
一切相智我增語是菩薩摩訶薩不不也世
尊即一切智无我增語是菩薩摩訶薩不不
也世尊即道相智一切相智无我增語是菩
薩摩訶薩不不也世尊即一切智淨增語是
菩薩摩訶薩不不也世尊即道相智一切相
智淨增語是菩薩摩訶薩不不也世尊即一
切智不淨增語是菩薩摩訶薩不不也世尊
即道相智一切相智不淨增語是菩薩摩訶
薩不不也世尊即一切智空增語是菩薩摩

訶薩不不也世尊即道相智一切相智空增
語是菩薩摩訶薩不不也世尊即一切智不
空增語是菩薩摩訶薩不不也世尊即道相
智一切相智不空增語是菩薩摩訶薩不不
也世尊即一切智有相增語是菩薩摩訶薩
不不也世尊即道相智一切相智有相增語
是菩薩摩訶薩不不也世尊即一切智无相
增語是菩薩摩訶薩不不也世尊即道相智
一切相智无相增語是菩薩摩訶薩不不也
世尊即一切智有願增語是菩薩摩訶薩不
不也世尊即道相智一切相智有願增語是
菩薩摩訶薩不不也世尊即一切智无願增
語是菩薩摩訶薩不不也世尊即道相智一
切相智无願增語是菩薩摩訶薩不不也世
尊即一切智寂靜增語是菩薩摩訶薩不不

尊即一切智寂靜增語是菩薩摩訶薩不不
也世尊即道相智一切相智寂靜增語是菩
薩摩訶薩不不也世尊即一切智不寂靜增
語是菩薩摩訶薩不不也世尊即道相智一
切相智不寂靜增語是菩薩摩訶薩不不也
世尊即一切智遠離增語是菩薩摩訶薩不
不也世尊即道相智一切相智遠離增語是
菩薩摩訶薩不不也世尊即一切智不遠離
增語是菩薩摩訶薩不不也世尊即道相智
一切相智不遠離增語是菩薩摩訶薩不不
也世尊即一切智有為增語是菩薩摩訶薩
不不也世尊即道相智一切相智有為增語
是菩薩摩訶薩不不也世尊即一切智无為
增語是菩薩摩訶薩不不也世尊即道相智一
切相智無為增語是菩薩摩訶薩不不也

世尊即一切智有漏增語是菩薩摩訶薩不
不也世尊即道相智一切相智有漏增語是
菩薩摩訶薩不不也世尊即一切智無漏增
語是菩薩摩訶薩不不也世尊即道相智一
切相智無漏增語是菩薩摩訶薩不不也世
尊即一切智生增語是菩薩摩訶薩不不也
世尊即道相智一切相智生增語是菩薩摩
訶薩不不也世尊即一切智滅增語是菩薩
摩訶薩不不也世尊即道相智一切相智滅
增語是菩薩摩訶薩不不也世尊即一切智
善增語是菩薩摩訶薩不不也世尊即道相
智一切相智善增語是菩薩摩訶薩不不也
世尊即一切智非善增語是菩薩摩訶薩不
不也世尊即道相智一切相智非善增語是
菩薩摩訶薩不不也世尊即一切智有罪增
語是菩薩摩訶薩不不也世尊即道相智一

菩薩摩訶薩不不也世尊即一切智有罪增
語是菩薩摩訶薩不不也世尊即道相智一
切相智有罪增語是菩薩摩訶薩不不也世
尊即一切智无罪增語是菩薩摩訶薩不不
也世尊即道相智一切相智无罪增語是菩
薩摩訶薩不不也世尊即一切智有煩惱增
語是菩薩摩訶薩不不也世尊即道相智一
切相智有煩惱增語是菩薩摩訶薩不不也
世尊即一切智无煩惱增語是菩薩摩訶
薩不不也世尊即道相智一切相智无煩惱增
語是菩薩摩訶薩不不也世尊即一切智世
間增語是菩薩摩訶薩不不也世尊即道相
智一切相智世間增語是菩薩摩訶薩不不
也世尊即一切智出世間增語是菩薩摩訶

薩不不也世尊即道相智一切相智出世間
增語是菩薩摩訶薩不不也世尊即一切智
雜染增語是菩薩摩訶薩不不也世尊即道
相智一切相智雜染增語是菩薩摩訶薩不
不也世尊即一切智清淨增語是菩薩摩訶
薩不不也世尊即道相智一切相智清淨增
語是菩薩摩訶薩不不也世尊即一切智屬
生死增語是菩薩摩訶薩不不也世尊即道
相智一切相智屬生死增語是菩薩摩訶薩
不不也世尊即一切智屬涅槃增語是菩薩
摩訶薩不不也世尊即道相智一切相智屬
涅槃增語是菩薩摩訶薩不不也世尊即一
切智在內增語是菩薩摩訶薩不不也世尊
即道相智一切相智在內增語是菩薩摩訶

BD00452　大般若波羅蜜多經卷二二

即道相智一切相智在内增語是菩薩摩訶
薩不不也世尊即一切智在外增語是菩薩
摩訶薩不不也世尊即道相智一切相智在
外增語是菩薩摩訶薩不不也世尊即一切
智在兩間增語是菩薩摩訶薩不不也世尊
即道相智一切相智在兩間增語是菩薩摩
訶薩不不也世尊即一切智可得增語是菩
薩摩訶薩不不也世尊即道相智一切相智

大般若波羅蜜多經卷第廿二